U0041360

管他去死是人生最大的自由 2

Get Your SH*T Together

踏上順暢之路的超痛快人生實踐指南

莎拉・奈特 —— 著
Sarah Knight

林怡孜 —— 譯

作者序

哈囉，歡迎來到《管他去死是人生最大的自由2》，感謝您的閱讀！在我們深入主題之前，請容我先把一些事情解釋清楚。

首先，不管你是在實體或虛擬書架上的哪個類別找到這本書的，這都不是一本傳統的勵志自助書籍。

這比較像是一本讓「我」來「幫你」「幫助自己」的書。畢竟，讓我們面對現實吧，如果你有辦法「自己幫助自己」的話，你早就這麼做了。另外，跟許多傳統心理勵志書的作者不同，我在這本書裡將會大量使用不雅詞彙（包括好幾個我自創的新詞），所以請不要跑到網路書店評論區留言抱怨你原本期待看到有如和煦日光跟毛茸茸小貓般的暖心內容，結果卻看到大量令你心靈受創的文字。

第二件事是，你的人生可能一團糟（別擔心，我會幫你整頓），但這不是一本典型的「整理」指南。

在接下來的內容中，我們不會要你把所有雜物集中在一起，感謝它們多年來的陪伴、然後送到慈善機構捐掉。我們會做的事情是：整理你腦子裡的雜物，跟你人生中各種亂七八糟的東西：工作、財務、對創作的追求、關係還有健康。整理的過程中不用出拿垃圾袋，也不用和冬天的大衣進行深度心靈對談。

最後，我要百分百地清楚聲明：如果你是想找跟排泄物有關的資訊，這本書沒有你要的東西。

所以，這本書到底有什麼呢？嗯，我認為這是一個幹話滿點，但不失可愛的一站式服務站，**不只整理你的腦袋，還能讓你的人生更加輕鬆更美好。**

不管你的現況如何，輕鬆與美好程度都將會大大提升。

你現在可能正躺在沙發、坐在公車站，或是在尊爵不凡的辦公桌前享受人體工學椅的穩定支撐；但無論如何，你會打開這本書，應該是因為你在人生路上或多或少卡在了坑裡。這沒什麼好丟臉，人生路上（或真正的馬路上）確實充滿容易掉進去的坑，每天都有人翻車。

你的坑可能是舒適但見不得人的居家褲、沒氣的便宜啤酒，也可能是你再出賣靈魂工作五年就能到手的股份；又或者在最常見的情況裡，這個坑是你每天都得應付的各種雜亂俗事，包括工作、財務與家人朋友，以及其他一大堆讓你快罩不住的屎事，還有你一直忽視的健康（以及更加被忽略的興趣）。雪上加霜的，則是你無力追求卻無法忘懷的夢想，只有在幾杯黃湯下肚後才能對人傾吐；也說不定你實在太恐懼、太焦慮，或是被生活嚇得太傻，以至於連面對自己時都不敢承認有這些夢想。

聽起來很耳熟嗎？如果你覺得「這聽起來就是我啊！」，那麼快把安全帶繫好，因為這本要幫你幫助自己的心靈整理指南，將會把你從坑裡拉出來，穩穩放到你真心想要並值得過的人生裡。

《管他去死是人生最大的自由2》將會告訴你如何設定目標，以及如何挺過各種干擾或棘手的阻礙來達到目標，還有怎麼做你以前根本不敢做的夢，然後把夢想化為現實。這本書將會幫助你停止自我阻礙，不再故態復萌。最棒的是，本書會把你從自認為該做的屎事中解放，好好做完那些你真正需要做的事，接著就能開始做你真心想要做的事。

基本上，這本書處理你人生的方式，就像時間管理大師對一週工作時間的分配，把事情分切成小小的、容易解決的小塊，這樣一來你就有大把的空閒時間可以追求你的夢想，成為一個自我感覺良好的創業家、演說家，或是反社會人士（開玩笑的）。

CONTENTS
目錄

第4章 深層屎事：心理健康、存在危機，還有人生大轉變 249

○後記 296

寫在前面

我們都有腦中閃過「**靠，挫賽！**」的時刻。

發生這種時刻的時機，可能是在你對照存款餘額跟信用卡待繳金額後，恍然大悟為什麼要有「透支保護」的機制時；或是當你把鍾愛的褲子撈出來，卻發現自己與它至少差了兩個尺碼時；又或者是某天起床赫然發現，躺在身邊的他／她雖然曾經是全世界你最喜歡的人，可是彼此兩年前就不再契合了。

這種感覺真是爛透了。

我最近一次有這種感覺，是發現自己失去了對工作的熱情，而且總是感到不快樂，我並非對公司的待遇感到不滿，是再也不想把自己的人生無怨無悔地奉獻給這份工作了。這很不妙。接下來，我還得面對腦中不時出現的「所以我接下來要怎麼辦？」「我該做什麼才好？」才有能力掙脫那個讓我日日像陀螺般原地打轉的坑，開始做出重大的人生改變。

所以，這本書要讓你明白，你要怎麼做出重大（或沒那麼重大）的改變。不管大小，總之是讓你快樂起來的改變。

要聽實話嗎？你需要的就是「搞定你的人生屎事」（Get your sh*t together）。

讓我再次強調，**我不是在批評你**。如果做出（或大或小的）改變還不在你的待辦事項裡，我完全可以理解。腦中閃過「靠，挫賽！」是一回事，但真正採取行動，是另外一回事，尤其是當你不知道要從何下手的時候。也說不定，著手開始一個計劃對你來說完全不是問題，但你通常在達到目標前就會把動力耗盡，畢竟事情總是太多，但時間永遠太少。而就算你真的做完了所有事，搞不好你也已經把自己逼瘋了。

但我跟你保證，這是有可能的。

整頓、搞定並維持你的人生，讓它暢快清爽，你的腦子才有靈光乍現的餘裕，能冒出改善人生的好點子，然後再邁向「採取行動」以及「不把自己逼瘋」的進階關卡。這整個過程還蠻神奇的，而且真的沒有你想像的那麼難。你需要的是用一個打破舊習慣的方法，來看待和處理你的人生屎事。

一個更好的方法、更輕鬆的方法。

不管是被生活擊垮的顯性魯蛇還是隱性失能者，這個方法都同樣有效。相信我，我可是親身體驗，誠心推薦。

＊＊＊

就在幾年前，我陷入憂鬱之中，嚴重到我每天早上幾乎都下不了床。我想到要走出家門去搭車就害怕，因為車子會帶我去那個比起辦公室更像刑求室的地方。其實在嚴重到那個地步之前，我已經持續這樣的感覺至少一年了，而且逐漸演變成每日大崩潰。但我已經花了十五年使出渾身解數在公司往上爬，現在只因為一點低潮就想要放棄，這樣對嗎？即使我不愛我的工作了，為了我已經付出的青春和心血，我絕對不能放棄，對吧？

不，不是這樣的。我浪費了太多時間才想通：**只要我不再擔心那些自認為該做的事，我的人生就有更多可能。**

如果我能夠幫你省下在床上（或是在信用卡債堆、有害的關係、或是有彈性的褲子裡）自我掙扎的那一狗票時間，用來面對現實，我會覺得非常榮幸。因為你得先面對現實，才能根據你的意志來改造現實。

搞定你的人生屎事，那就是你能辦到的事。

一旦我認清自己真正想要的是「為自己工作」，而且每天恰好不想參加任何會議之後，我就再也不留戀現狀了。我不只辭掉了穩定的大公司工作，承擔成為自由工作者的風險，還想通了另外一件事：身為一個自由工作者，我能夠從地球任何角落「遊牧式地」進行我的工作——可以在布魯克林的公寓沙發上，更可以在加勒比海的泳池邊。

嗯？那我何不乾脆就搬到加勒比海呢？聽起來好像很不錯？

於是我就這麼做了。待會在本書的第一部分，我會告訴你我是怎麼做到的。

聽著，我不是在唬你，我剛說的可是百分之百國際認證的重大人生改變；不過就像我說過的，搞定人生屎事也可以幫助你完成許多更小的人生改變。

舉例來說，你是否曾發現自己卡在辦公室裡或是黏在沙發上，但其實你真心期盼的是可以走向戶外（哪怕只有一次）、上健身房（終於擠出時間），或是開始進行你待辦清單上那個「如果有空一定要做」，但打從創世紀以來都沒兌現過的計劃。

我們都曾經有過這種經驗。我們都曾到達那個臨界點，覺得自己沒辦法繼續工作、沒辦法面對滿臉閃耀刺眼自信的皮拉提斯教練，或再也不能在每月僅有一次的空閒下午再塞進一堂外語入門課。

當然，我們也都知道有些人總是可以看似毫不費力地優雅度過人生，一路上帥氣地破關斬將、所向披靡。他們總是計劃周全，瞄準目標的精準度堪比雷射光；他們的待辦事項上面所有的事項都是完成、完成、完美地完成！這些人十個有九個應該是政府打造出來的超級機器人，但我敢說剩下的那個人類，在搞定人生這個面向上也需要一點幫助。

事實上，我剛剛描述的那種（行事曆永遠塞滿重要商務餐敘的）人，可能根本就是你。而且，你或許也開始發現，那些用頂級紙張印製的精美名片，根本就不值得你花大把時間加班；而過去一年來佔據你周末的公司活動還有慈善路跑，就是你總是沒空跟朋友約吃飯的原因。你們已經許久未見，大概就快跟他們把「學外語」列在待辦事項上一樣久了（他們可能對你有點失望，但他們不曉得的是，你也在心裡暗自掙扎。）

但其實，**我們每個人都有一條介於成功與一事無成之間的中庸之道，能夠引領我們走向真心享受的生活**。這是真的，本書為每種人都提供了有用的資訊：

變得更有條理、更有動力、更準時的訣竅？**有**。

幫助儲蓄、設定界線，還有與朋友、家人或同事進行棘手談話的秘訣？**也有**。

那，幫助你克服每天都要應付的屎事，好騰出心力專注於轉行、買房子或從老家搬出來這種真正夢想的建議呢？**你真是走運了！這裡通通有**。

我知道你現在心裡一定在想，這麼輕薄的一本書怎麼可能塞進這麼多好東西？

這個疑問很合理。答案是：我並不是要手把手地教你如何完成N種事情，在這本書裡，我要告訴你的是一種處理所有人生問題的方針，有了它，你可以用你自己的方式、照你自己的步調來完成目標。我的方針適用於所有屎事。而且我要告訴你，對於利用簡明建議、一點髒話，三不五時搭配一些流程圖來幫助別人改變人生，我可是有好些成功經驗呢。

＊＊＊

我的第一本書叫《管他去死是人生最大的自由》，教人如何不再把千辛萬苦擠出來的時間，花在和你根本不喜歡的人一起做你根本不想做的事情上。《紐約時報》把這本書稱為「勵志書版本的惡搞歌曲」，《觀察》雜誌則封我為「厭世系大師」。我爸媽把我送去哈佛念書的時候，應該不是希望我得到這種類型的成就，不過事情就是發展成這樣了。全世界有太多人因為在乎得太多事而深感心累，我則用這本書告訴他們如何幹捨離，把心力用在刀口上，好減輕肩上的重擔。

當然，在幫助別人卸下重擔的同時，我也說了一些「有」庸置疑的話，像是「有時候，就算傷害別人的感受也沒關係！」「換上黑色連身緊身衣和高跟鞋去參加自己的考核，豁出去！」之類。所以，我猜「厭世系大師」這個名號的確很適合我，也許我該去打個名牌。

總之，如果你讀了我的第一本書，就應該知道我發起的心靈幹捨離運動（如果你還沒讀過，嗯，我不想讓你覺得我臉皮很厚，但各大書店皆有販售喔。）

從幹捨離入門

就像斷捨離一樣，「幹捨離」有兩個面向：**捨棄跟整理**。為了要把心力用在刀口上，也就是讓你有限的時間、精力和金錢發揮最佳效果，你必須捨棄那些煩人的義務（或事物、活動、人群等等），才能夠騰出空間享受那些你樂意花費時間、精力和金錢的事。這就叫做「**分配你的在乎成本**」，我極度推薦這個做法。

而「搞定人生屎事」就是**整理**你手頭上的資源（包括時間、精力和金錢這些形式），然後**明智地運用這些資源**，不只用來做那些該做的事情，也要用在你真心想做但因為覺得太奢侈而放棄的事情上。不論大小，做出人生改變的契機不是車庫大掃除，**而是心靈大掃除**。

幸運的是，幹捨離是**絕對的單兵任務**。如果你跟家人或室友同住，他們糟糕的生活習慣勢必會搞亂你的環境，對於電視櫃上到底要擺幾個限量公仔，還有當初蜜月旅行時從飯店拿回來的破爛紙拖鞋，到底算不算重要的紀念品，你們都得討論並做出妥協。唯有整頓你的心靈這件事，你不會受任何人的垃圾影響，也不需要跟任何人商量。

就算你跟七千人一起住在迪士尼郵輪上（我誠摯希望這不是你的居住條件），你還是對自己的大腦享有完完全全的控制權，你不只是法官和陪審團，同時也是劊子手，呃，這個比喻不太好，總之，**你就是自己的老大**。

簡而言之，需要或想要對某件事付出心力，跟真的付諸行動是兩回事。為了要實際付諸行動，你必須先搞定你的人生屎事。

舉例來說，你可能想要為一趟滑雪之行付出心力，而且很願意奉獻時間和精力上的在乎預算來完成這趟旅程；但如果你沒搞定人生屎事，你口袋裡可能沒有足夠的銀彈來支付旅程所需要的開銷。你當然可以把行事曆裡面比較不吸引人的活動通通拿掉（畢竟誰要管「企業家庭日」啊？你才不在乎！）但沒有資金的話，你只能把假期拿來坐在便宜床墊上玩電視遊樂器的模擬滑雪。

又或者，你認定自己人生中最重要的事，就是要擁有一個可以讓你整個人泡進去的浴缸，你已經準備好要大喊「去他的小不拉嘰淋浴間！」在這個假設情境中，你的財力足以實現散發入浴劑香味的夢想，但卻缺少開始計劃的魄力。你宣稱自己在乎浴室好不好用、舒不舒適，還有能不能來個泡泡浴；但要搞出一個浴缸，就需要把浴室整個重新裝潢，你缺乏進行一個大型計劃所需要的手段跟決心（包括請水電工、選好浴缸，還有施工的這兩週你要在哪裡如廁），因此你只能繼續忍受一伸手抹洗髮精，手肘就撞上拉門的窘境。

別擔心，我們能克服這些情況。搞定人生屎事的內容包含：

- 誰需要搞定他們的人生屎事，還有需要的原因
- 用來搞定人生屎事（並且維持清爽）的三個簡單小工具
- 負向思考的力量
- 如何準時下班，同時還能存錢
- 管理焦慮、停止逃避，並且征服對失敗的恐懼
- 做出重大（和沒那麼重大）的人生轉變

・還有其他各種棒呆了的玩意！

另外，雖然我會分享我自己的成功經驗（因為對於如何搞定人生屎事，這是一個教學示範的好例子），但我保證這本書不是掛著勵志的羊頭，骨子裡卻賣著如何離職並搬到島國居住的狗肉，我可不是那些純素主義者，不會把我的人生抉擇硬塞給你。也許你喜歡定時收到薪資單，或會被「秋風颯颯，落葉紛飛」的時節感動；又或者你想達到的是更小、更不具體的改變，這都很好。我只是要幫助你獲得搞定人生屎事所需要的簡單、放諸四海皆準的智慧，因為我恰巧就是個方便又充滿服務熱忱的管道。

＊＊＊

對了，還有一件事。

在本書中，「搞定你的人生屎事」不是用來訓人的話。

這是句用來激勵人心的話。

我承認，有時候我會咬著牙低聲吐出這句話，用一種可能不太友善的語氣，但你可能也有會這樣的時候。但我會這麼做的對象，通常是那愛遲到又愛找一些超瞎藉口的人，或是早知道做出糟糕的人生抉擇後會導致什麼災難性後果，卻仍然抱怨不休的朋友；又或者是那些跟我搭同班飛機，卻不把劃位當一回事，覺得「我想坐哪就坐哪」的乘客。

我們之中大多數都是前面講的那些人，這點我完全理解。就算不是無時無刻都這麼瞎，偶爾也有失控的時候。就拿我去年報稅的經驗來說吧，整個過程就像盲人騎瞎馬，簡直就是大災難。

但平均九成五的時間裡，我都蠻能搞定自己的人生屎事的（雖然還是對報稅一頭霧水），相信你一定也可以。在看這本書之前，也許你誤把力氣花在了自我阻礙上；但我向你掛保證：你的潛力和工具就在伸手可及之處。我會告訴你該去哪裡發現，並且使用它們。

等我傳授完畢，你就可以搞定你的人生屎事。然後，也許你能寫本書教大家怎麼像個心智成熟的大人一樣報那天殺的稅，我肯定第一個買。

就這麼說定了？

太好了，讓我們開始吧！

第1章

搞定人生屎事？那是什麼意思？

讓我們從鞏固基本認知開始暖暖身。

首先，我會指出**誰需要搞定他們的人生屎事，為什麼需要**，順便分享我在一個購物中心裡搞丟所有身家的有趣小故事。接著，我會解釋我對於「**人生勝利**」的哲學。最後，我會為你細細解說**「搞定人生屎事」的各種案例**，告訴你人生其實就像給大人的著色本一樣。如果你夠用心，說不定還會在書裡發現真的著色練習呢。

我說過了嘛，我提供的可是一站式服務。

最後，我會把一個非常重要的概念介紹給你，就是「**負向思考的力量**」，然後揭曉如何使用**三個日常生活小工具**幫助你搞定人生屎事。

你可能會驚訝地發現：原來這些小工具已經都在你身邊了。

誰需要搞定人生屎事？為什麼需要？

很幸運的是，這本書的恰恰貼近許多人的需求。這些人就生活在我們之間，他們總是不小心把手機掉進馬桶、忘記付帳單，或是在去面試正經工作時穿得像要去夜店嗨一樣。這些人包括但不限於：你的朋友、家人、同學以及同事，完全不認識的陌生人，還有一個因為自己在當地買不到我的書，就要求我把書簽好免費寄給他的傢伙，因為他甚至付不起郵資。我想他很需要一對一的完整課程。

但不管是誰，**讓我們先搞清楚：搞不定人生屎事，並不會讓你變成一個壞人。**

對我們大多數人來說，搞不定人生屎事只是一個**不便的生存狀態**，而不是真實的性格缺陷。還好跟其他欠佳的生存狀態相比，比如「不夠高」或是「出生在德州」，你不需要增高手術或假造出生證明，就能做出改變。

所以誰該搞定人生屎事，這些人的人生又為什麼充滿屎事呢？讓我們用三個《鼠來寶》中的經典角色分析一下分布光譜。*

喜多：相對絕望型

在花栗鼠三兄弟中排行老么，喜多可愛、令人愉快而且過度天真。他總是屁顛屁顛地跟在大家後頭一起出發，但從來不會輪到他掌方向盤。就像喜多一樣，有些人就是搞不定自己的人生，就是這樣。他們總是把東西灑到自己（還有別人）身上、弄丟自己（還有別人）的東西，還有**把自己**（還有他們身邊每一個人）**的人生弄得超難捱**，事實上根本沒必要。

不管多麼善良、多麼立意良好，他們就是那種總是遲到、沒準備好而且被生活擊垮的人。他們永遠需要在機場的託運櫃檯打開行李箱，拿出害行李超重的兩雙鞋子、紀念馬克杯還有一罐沙灘上的沙，然後在不幸排在他後面每個等候旅客的白眼下，慌張地想辦法把這些東西弄上飛機。如果你是喜多型，不要害怕，你不需要每天都過得像是在打史詩級戰役一樣。請繼續往下看。

* 《鼠來寶》（Alvin and the Chipmunks）為美國廣受歡迎的卡通影集，之後亦陸續於全球上映一系列真人動畫電影。

喜多可能需要幫忙才能搞定的屎事

準時出現
遵守指示
記得東西放在哪裡
讓行事曆隨時跟上最新狀況
實際弄來一個行事曆

艾文：跟得上大家，但永遠沒辦法跑在前頭型

花栗鼠大哥艾文是個歡樂小夥子，說起話來頭頭是道，但不會去規劃太久以後的事，而這老是害他陷入麻煩之中。艾文是那種「希望能夠弄假直到成真」的類型，但「成了」跟「完了」兩者，後者的機會總是大些。如果情況變得糟糕，通常是他自己捅出來的簍子，但他會立刻開溜，留下他的養父／經理人戴夫在原地發出經典的無助怒吼

「艾——文！」（他們就是一個卡通家庭，別想太多。）

艾文這類人應付日常生活可說是游刃有餘，但如果是要幹什麼大事，他們就不太可靠了。這些人在公司結束尚稱有生產力的一天後，會回家用微波爐弄點晚餐吃，因為烤箱的門三個月前就壞了，他們卻一直沒拿去修。又或者，玩《夢幻棒球》根本難不倒他們，但在制定退休計劃的時候，數字和統計似乎同時都失去了意義。總之，艾文會讓身邊的我們提心吊膽，包括老闆、同事、朋友，我們忍不住要想「他看起來還行，但真的信得過嗎？」最後，運氣用完了，機會乾涸了，艾文只能像是過氣的男團成員一樣被歲月的洪流吞沒。

事情真的沒必要弄成這樣，我保證，如果你們這些艾文能夠稍微搞定人生屎事，就能騰出空間來讓你幹出更大的事業。你只需要一點點自律再加上一點點堅定，就能成為夢想中的傳奇球員。

艾文可能需要幫忙才能搞定的屎事

在死線前達成任務，而不是靠運氣
遵守用錢預算
遵守飲食規劃
做好活動規劃
提前一個禮拜規劃任何事情

賽門：表面光鮮亮麗但內心自我凌遲型

最後，我們要來聊聊賽門。排行中間，西洋棋無人能敵，臉戴超厚眼鏡，身穿藍色套頭毛衣的賽門，總是得一邊推著喜多往前走，一邊收拾艾文留下的爛攤子，為家人犧牲奉獻的程度大概勝過了《教父》裡的麥可．柯里昂。

客觀來說，賽門們非常勤勉、非常成功，不僅能完美打包行李箱，也會使用他們功能齊全的專業級烤箱，三不五時地烤雞來吃，他們規劃的派對面面俱到，對有需要的朋友從不拒絕，而且用起 Excel 表格簡直神乎其技。大家對賽門充滿讚嘆，而且他們的翩翩風采在總是完美搭配的腰帶、鞋子和手提包的映襯下，更是令人自慚形穢。

是的，賽門看起來好像總能搞定人生屎事，但表面下的真相也許沒那麼單純。

我們每個人都認識許多艾文和喜多，要辨認這兩種類型並不難，你要是看到有人會議開始十五分鐘以後才姍姍來遲，或是會議開始後才慌亂地打電話來問大家到底在哪裡，因為他壓根沒搞清楚開會地點，你就知道你遇上了。

但要辨識賽門沒那麼容易。他們完美地打造了「我已經搞定一切人生屎事」的幻象，他們錯誤地相信**讓自己很搶手、行程滿檔、而且永遠都在幫人救火**就是「贏了」。他們喬裝成忙碌的小蜜蜂和傑出高生產力人士；但就算你沒看出來，他們的屎事其實也還是亂成一團，極待整理。

你問我怎麼知道？因為我曾經和一個賽門熟得很——我本人。

賽門可能需要幫忙才能搞定的屎事

排定優先順序
設定人際界線
結束關係
轉換職業跑道
保持心智健全

我的人生曾屎事紛飛，但你大可不必如此

我曾經把我人生表面收拾得如此整齊乾淨，以至於沒人能看出我身心所受的煎熬，更沒辦法想像到我居然很煎熬。我工作極度過勞，用特種部隊精心規劃的殲敵任務根本不足以描述，感覺更像是去應付根本不知道會抬進什麼來的急診室。所以沒錯，丟給我問題我能解決、丟給我計劃我能完成，問我有關你戀愛的艱難哲學題，我能給出有說服力的意見，我的人生看起來好像沒啥毛病。我當時完美扮演的角色有女兒、朋友、學生、員工、上司、老婆、編輯、啦啦隊、心理醫生、軍師還有**全方位擦屁股大師**。

但七八年前，我遇到了一個不知道該怎麼解決的問題。

當時我已經不舒服了快一個禮拜。我胃痛，我有輕微的頭痛，我沒辦法大口吸氣，而且不時懷疑罪魁禍首是我新買的內衣（但並不是）。有天，在我打點自己準備上班時，我跟我先生說我覺得噁心想吐。

「你是不是宿醉啊？」他這麼回我。

雖然這個假設在我三十出頭的時候挺合理的（好吧，即使對現在的我來說還是挺合理的），但我確定我的身體裡正在醞釀壯大的風暴，並不是單純宿醉。

現在想想，我當時或許應該直接打電話請病假，畢竟那天是彈性上班日，所以我們只要上半天班就好，而且大部分同事都在度假，包括我老闆。另外，我真真切切就是病了。但賽門手上有工作要做，所以賽門還是出門搭車了。

我對紐約地鐵的嫌惡程度可不只一點點（而且還留下了詳細的文字記錄）。那天早上，這份嫌惡又被我的險惡狀況放大了N倍，我整整搭了痛苦的十五站，每站都覺得喉頭有東西要噴湧而出。一到站我立刻奔出車廂，用畸形的忍痛姿勢趕到辦公室，好讓自己可以安心地在辦公室吐一場，而不是吐在地鐵月臺的垃圾桶。

好不容易安全抵達我那名聲響亮的公司，爬到十二樓的女廁後，我把頭擺在馬桶上對準，但卻什麼也吐不出來。顯然我身體裡的風暴還在累積實力，還沒到發作的時候。所以我走回辦公桌打開電腦，發了封信給我先生：「嗯，我還是很不舒服。」然後另一波感覺就來了，我馬上再用扭曲的姿勢奔過走廊直抵廁所，但這次還是一樣，什麼也吐不出來。

我的老天爺啊，我難不成是懷孕了嗎？

我一屁股坐進旋轉椅，試著找個舒服的姿勢，好把我專程進辦公室要辦的公事處理完。開玩笑，我可是搞得定所有人生屎事的人，我不只能撼動山，我還能移山，什麼事都難不倒我！不閃不避，用漂亮的直拳撂倒困難可是我的拿手絕招。

但接下來我的手臂就麻掉了。呃噢，這可是新的症狀，而且我現在真的不能呼吸了——我站起身，眼前一片模糊。

我這是……被下毒了嗎？這是我腦袋的下一個反應，沒開玩笑，我當下就是這麼想的，**我一定是被下毒了！**

我搖搖晃晃走出辦公室，歪倒進朋友的小隔間，跟她說：「請幫我打電話聯絡我先生，我的情況很不對勁。」她很明智地先打給駐點護理師，然後就有保全人員推著輪椅來接我。接著我被推到護理師的辦公室，在此就不贅述接下來三小時發生的事。總之他們告訴我：我沒懷孕，也不是被下毒，我的情況可能是恐慌症發作。

認真的嗎？我心裡想，我現在得對付這種屎事？恐慌症發作？

這裡也不贅述從第一次恐慌症發作後又臭又長的旅程。但總之，我辭掉了大公司的工作，讓自己不要在乎那麼多事，寫了我的第一本書，又寫了你現在拿在手裡的這本。我學到的教訓就是：**別以為你日復一日、年復一年地搞定一大堆屎事，就代表你搞定了自己的人生。**

這只代表你是個高功能人體待辦事項完成機，但你也許就站在精神與生理完全崩潰的懸崖邊，隨時可能失足。如果你願意的話，就說你是個賽門吧。

所以，我的小花栗鼠們，好好聽清楚我接下來要說的話：

- 搞定人生屎事並**不代表**把行事曆塞到滿出來，就因為你覺得自己得隨時隨地有事忙。
- 它也**不代表**逆來順受，或是完成自己待辦清單上的每件事之後，再完成別人待辦清單上的事，還都提前做完。
- 它也絕對**不代表**為了達到目的，而犧牲自己精神和身體的健康。

不管是我，還是光譜上的每個艾文、賽門與喜多，「搞定人生屎事」的真正意思是管理你的行事曆和待辦清單，好讓需要搞定的屎事都能完成，同時不讓自己被逼瘋。

這才是我說的「人生勝利」。

成為人生勝利組（而且不當王八蛋）

原則：你並不需要內建好勝心才能成為人生勝利組。當然，在某些情況下，輾壓你的敵人、目送他們夾著尾巴逃走的背影，的確能令人獲得無上的滿足。如果你就是那種追求對手完全毀滅的類型，嗯，我覺得我們不該一起玩大富翁，雖然我確實欣賞你的氣魄。但如果你不是那種覺得要踩在別人的頭上，才能獲得「勝利」的類型，那也很好。

在我所謂的人生遊戲裡，你唯一的對手就是你自己，不是其他的玩家，當然也沒有電腦玩家這種東西。這個遊戲裡只有你自己，靠著搞定人生屎事和別扯自己後腿，努力清出一條通往勝利的道路。

「贏」的意思是用你在地球上有限的時間，得到你想要的東西。它可能是一棟房子、一份工作、一臺車、一位伴侶或是你夢想中的髮型。當你把夢想轉換成行動，而你的行動改變了你的現實之際，就是你贏得人生勝利的時刻。「贏」是活出你最精彩的人生，而不是擋住別人通往精彩人生的道路，且／或當個惹人厭的王八蛋。

這是我的核心哲學，希望你覺得這對行走江湖有用，也不見得要行走，看你是要小跑步、游泳、或側翻前進都可以，畢竟我們不是在比賽誰先跑到終點。

人生就像給大人的著色本

好喔，現在我們要往核心概念邁進了，我接下來將會**揭開如何搞定人生屎事、贏得人生勝利的神秘面紗，讓你一窺它的真正模樣**。

對我而言的「贏」，代表可以住在溫暖的熱帶地區，而且當自己的老闆。對你來說，可能是獲得升遷，或只是去放一個禮拜的長假，而不用被工作信箱蜂擁而來的信件淹沒；又或者是乘著摺紙藝術做成的小船環遊世界。我不知道你的人生期盼是什麼，但搞定人生屎事的美妙之處就在於：搞定它以後，什麼事情都是有可能的。

搞定它需要以下三個步驟。

1. **規劃策略**：設定目標並訂定計劃，用一系列小小的、容易達成的小塊來達到你設好的目標。
2. **專注**：撥出時間來完成每一個小塊。
3. **投入**：為了完成那些小塊付出必要的心力。

以下是我在前面提到的「**靠，挫賽**」時刻的驅使下規劃出的步驟，供你參考：

我的**目標**是要從原本的公司離職，同時也得跟它所有福利說掰掰。所以要達到目標，我會需要一筆預備金。首先，我向自由業朋友們打探消息，問他們離職後花了多久時間才接到案子，在那之後又要過多久才能拿到第一筆收入？在考慮他們的經驗和我自己的規劃之後，我做出了結論，先存下三個月的開銷（包括房貸、保險、電話費、披薩基金等等），好讓我安然度過接案新事業的草創時期。

在我把每月開銷加總並乘以三以後……嗯，我發現這是筆大數目，預備金一向如此。所以我的**策略**是進行攤銷，聽起來很厲害，但其實就是「**把它分成小小的、容易解決的小塊，並且拉長時間來完成**」的假掰說法。我只用了簡單的數學：我不可能在兩個禮拜內存到這筆錢，但如果把時間拉長到一年，就完全可行。

接著我做了一個有三百五十六個小方塊的圖表，把它掛在我的冰箱上。每個小方塊代表一天的儲蓄，然後接下來一整年，我每天早上都花幾分鐘**專注**做這件事：打開我手機上的銀行APP，把一小筆錢從我的日常帳戶轉到儲蓄帳戶，然後用一支紅筆把當天的小方塊塗滿。

我每一天都這樣**投入**一點點，這甚至不傷我的荷包，因為我已經把我的大目標分解成365個迷你小目標了。

隨著時間過去，我看著我冰箱上的紅海逐漸擴散，愈來愈為它象徵的事物興奮。當然，這代表了白花花的錢，但同時代表我再也不用忍受公司各種屎事的自由（也代表了一年中無限供應的陽光和椰林樹影。）因為我是用**小小的、容易跨過的小步伐**邁向目標，所以我還能一邊做很多我想做的事，而不是被目標壓得喘不過氣。

舉例來說，在「離職並成為自由工作者」計劃進行的過程中（我在那些戰線上把屎事安頓得很妥當，所以行有餘力），我談成了《管他去死是人生最大的自由》這本書的案子（灑花！）但有個大問題：這本整整四萬字的書，我必須要在不合常理的短短一個月之內寫完。

你沒看錯，就是他X的一個月。比我存錢計劃的時間少了十一個月，比孕育出一個人類嬰兒少八個月，比起你買下數萬元昂貴床墊後不滿意包退的試睡期，少了整整兩個月。

嗯，但我很想寫這本書，我也很想在期限內寫出來；與此同時，我也不想把自己（或我先生）逼瘋。所以我怎麼辦呢？我看著日曆，訂了另一個計劃：我決定每天要生出一定字數的稿子（也考慮了自己偶爾可能會需要放個假），然後每天抽出一定的時間坐下來，然後，你知道的：把它寫出來。

規劃策略、專注、投入。

人生屎事就是這樣搞定的。

同樣道理也適用於在加勒比海蓋棟房子然後搬進去的計劃。沒錯，我得做出一些犧牲，但跟存離職預備金一樣，這些犧牲需要長期投入。我先生和我**規劃了策略**，決定我們能負擔的價位和計劃所需時間，**專注**在整個計劃的各個小部分（他負責申請貸款，我負責跟工班溝通），然後針對整體大目標和一路上每個更小、更簡單的迷你目標，都**投入**了金錢和心力。

這樣一來，**人生就會變得像是給大人的著色本**。你只要一格一格填入顏色，最後整幅色彩繽紛的畫就會呈現在你眼前。

新房子完工之際，就是我們準備賣掉布魯克林公寓的時刻；公寓賣出之際，就是我們擺脫家具的時刻。接著是找搬家公司、打包，最後就是在鳥鳴啁啾、椰影搖曳的天堂中迎接清晨，然後發現：**喔買尬，那是一隻超級大蜘蛛嗎？**

啊，我離題了。

現在拿起你的色鉛筆吧，因為你為自己贏得了一個好玩的小練習，歡迎一邊上色、一邊體驗這個比喻！

get
your
SH*T
together

你實體和意義上的鑰匙、手機跟錢包

如果你堅毅地讀到這裡還沒棄書，恭喜你，因為我可要**真正**深入主題了。接下來我要分享幫你搞定人生屎事的**三個工具**。如同前面說過的，你知道以後可能會很驚訝，因為這些工具你早就有了。

讓我先跟你解釋一下我的理論。我認為「搞定人生屎事」這件事，在引申意義上就像保管你的鑰匙、手機跟錢包。有了這三個缺一不可的小東西之後，你就可以拿它們來做更大的事，像是打開你家大門、叫外送，或是買張車票。這三樣東西可說是基本求生配備，所以每次有人跟我說他掉了其中一樣（或居然不只一樣），我都忍不住在心裡OS「你真該好好搞定你的人生」。

說到這裡，你大概會覺得「嘩，你憑什麼在那邊大放厥詞，你又有多了不起！」發出質疑是正常的，來，讓我說個故事給你聽。

想像一下這個畫面：一九九〇年，在新罕布夏州南方一家大型購物商場裡，兩個十二歲的女孩自由奔放，無憂無慮，滿腦子為了可以買到超潮牛仔褲和最愛喝的果汁期待萬分。

那天，我被載到大型購物商場門口，身邊除了我的朋友艾蜜莉，還有生日跟聖誕節拿到的零用錢。小時候大人不太給我零用錢，所以每到生日與聖誕節齊發的十二月，我都跟中了樂透沒兩樣。這是個大日子，我身上有大概六十美元跟好幾張禮券，小心翼翼地收在一個醜得讓人無法直視的刺繡包包裡，就是那種可以拉起來的束口包。包包的顏色相當精彩，有紫有黑有黃有藍，但別鄙視我，那可是九〇年代。

總之，我待在服飾店的更衣室裡時，突然發現——我的醜包包不見了。

我當場嚇得六神無主。當然，實際變得無主的是我的包包，但發現的當下，我的魂魄彷彿一起脫離我的管控。我的一顆心狠狠下沉，有如鋼索斷裂後隨重力狂墜的電梯，令我眼冒金星。記得當時至少有整整一分鐘，我連半個字都說不出來（現在想想，那應該是我人生中第一次恐慌症發作吧。）

艾蜜莉鎮定地跳出來掌控情況，在此謹向她致上永恆的敬意。我們的作戰計劃是重新巡一遍在賣場裡走過的路線，並向所有神聖力量祈禱能找回我的包包（還有裡面的東西）。要是找不到，那就希望會有人撿到包包並送到失物招領處。

接下來我們把商場翻天覆地找了一遍，花了少說四十五分鐘，從商場內百貨公司的入口到美食街、再到精品店跟工藝品小攤，還有擺滿特價聖誕蠟燭的香氛蠟燭店，然後是連鎖服飾店。隨著時間一分一秒過去，我的驚慌程度不停攀升。就在換氣過度的我走進一間禮品店時，終於看到我的包包靜靜地躺在地上，就在一個兒童不宜的賀卡架旁，一定是我翻看卡片的時候把包包掉在那裡了。

或許是因為那個包包真的醜到沒人想要（或是醜到沒人想得到裡面居然有值錢的東西），也或許是包包俗艷的顏色完美地融入同樣缺乏品味的地毯漩渦狀花紋中，以至於它掉在地上一個小時都沒人發現。總之，在仰天感謝四方神佛以及我的好狗運之後，我再也沒有掉過任何包包。順帶一提，我也沒丟過錢包跟鑰匙。

聽完這個故事以後，你大概又要提出質疑：**這跟你要說的主題到底有什麼關係？**

懇請再耐心多看一兩頁，我接下來要提出的觀點對於澄清案情十分有益，也就是與我們的主題——你實體的和意義上的鑰匙、手機跟錢包——息息相關。

但首先，讓我說幾句重要的話。

你真的沒有藉口不好好保管你家的**鑰匙**。確保鑰匙在哪裡，就跟出門前要記得穿衣服一樣，都值得列入人生要務。如果你曾經光溜溜地把自己鎖在房門外，只能用一條小毛巾跟緊張的笑容來迎接鎖匠，我想你應該能懂我想表達的意思。

手機也一樣。除非你能用時光機回到一九九三年，不然這個無線通訊裝置已經掌控了你生活的絕大部分：行事曆、聯絡人、郵件，還有萬惡的通訊軟體。除此之外，我敢打賭你買手機一定也花了不少錢，所以你對待它的時候，是不是應該比對待包包裡那包不知道放了多久的口香糖更加謹慎呢？口香糖要是在下車的時候從口袋滑出來，可不會讓你噴個萬把塊。

還有你的**錢包**。裡面除了現金，還有你的提款卡、信用卡、健保卡、駕照，說不定還有工作證跟健身房會員卡。如果你掉了錢包，你就必須把裡面這些鬼東西全部重辦。

你看看，這後果有多嚴重。
你還能不好好整頓你的人生屎事嗎？

只要你能夠成功保管好這三樣管理人生秩序的小工具，你就能夠用同樣的道理搞定更高階的屎事。記得我前面說過的**策略**、**專注和投入**嗎？現在該把故事串起來了。

· 你的鑰匙象徵規劃**策略**的能力，用來解鎖接下來應該採取的行動。
· 手機則是**專注**的能力，讓你打那些該打的電話、把該記的事記在行事曆上。

・錢包代表**投入**，就是你對目標投資金錢或精力時所需要的東西，能讓你把制定好的計劃執行到底（但要小心別透支你的精力帳戶，就跟銀行帳戶一樣。）

整頓人生屎事的理論

鑰匙 ＝ 策略

＋　　＋

手機 ＝ 專注

＋　　＋

錢包 ＝ 投入

人生屎事 ＋ 搞定

不管你怎麼想，我對你有信心！你一定能保管好你的鑰匙、手機跟錢包，並且學會怎麼規劃策略。只要有了好策略，你就能好好專注，完美運用那些技能來讓自己更容易投入你的目標。

我為什麼對素昧平生的你抱持這樣的信心呢？因為人類發現了火、畫出北極圈的地圖，而且連過世歌手的虛擬影像都弄得出來。這些了不起的事情沒有計劃可是做不到的！所以你天生就是一個策略家，你與生俱來的能力只是埋在腦子的一團亂底下長灰塵了，只要把它找出來拍乾淨就好。記得你阿姨拿去《開運鑑定團》上賣的舊夜壺嗎？人家居然肯付她萬把塊，你的能力可是比那個還有價值的好東西啊。

讓我們來聊聊策略

就像前面提到的，策略就是「**經過設計，用來達到目標的行動計劃**」。所以如果到目前為止，你的策略都讓你這個大人像無助的嬰兒一樣高舉雙手投降，那麼你可能需要想個新計劃。

從你還穿著小短褲、綁著雙馬尾的時候，不管你認為自己前面提過哪一種類型的人，在打躲避球、買午餐的隊伍還有真心話大冒險的過程中，你都能觀察到激烈的割喉戰。你看到人們推擠著搶奪位子，觀察結果，並將整個過程內化成自己的一部分。也許你曾經成功，也許你曾經失敗，又或許你從不加入戰場，但你肯定對接下來這個概念並不陌生：把自己放在戰略性位置，好擊敗其他進攻對手、搶到你要的食物，或是看似蠻不在乎地一親暗戀對象的芳澤。

現在，你已經踏出勇敢的一步，承認自己獲得人生勝利的慾望。人生這場遊戲有很多關卡，包括工作、財務、關係還有身心健康。我不知道現在是哪個面向讓你困擾，但不管要面對和征服什麼問題，只要結合**策略**、**專注和投入**就對了。

鑰匙、手機、錢包。

舉個例子，假設你痛恨你的工作，不妨就把**找到一個新工作**當作目標吧。設定目標可不是火箭科學（或是做出一個瓶中船）那種深奧的學問。但你也知道，工作可不是隨便撿就有，也不會像街上的流浪狗一樣主動跑到你面前示好。在交友軟體上滑整天，也不會讓你找到工作幹（雖然可能找得到別的事情幹。）

要給自己找份新工作，就得老老實實投履歷跟面試。在那之前你還得研究自己有什麼可效力之處，或是聯絡獵頭；然後在那之前呢，你可能還得好好更新自己的履歷表；然後在那之前——**哇喔，先等等，這實在是太複雜了，我覺得自己做不到！**

這就是你為什麼會需要一個**策略**的原因。

策略或計劃的好處，就是可以**根據你個人和你的目標量身打造**。你知道自己有什麼技能組合，你知道自己週末有多少時間可以花在改履歷上，你也知道自己還能忍受現在這個工作幾天、幾個禮拜，或幾個月。以上這些知識像是一大串鑰匙，就擺在你口袋裡。

所以鑰匙跟門怎麼配對呢？

「我的技能組合」這把鑰匙可以打開「其他我可能勝任的工作」這道門。
「我這週末有多少時間」這把鑰匙可以打開「修改履歷」這道門。

然後「我還能在現在這個工作撐多久不瘋掉」這把鑰匙，則是用來打開「我還是趕快搞定我的人生屎事吧」這道門。

策略就是把計劃——你的計劃——中所有小小的、容易跨過的步伐，整齊地扣在你的鑰匙圈上，好讓你將它們付諸行動。

專注如律令

在二十一世紀，手機基本上就是魔法一樣的存在。它們可以做所有的事情，從打電話到拍照，還能讓你邊上班邊監視家裡。你可以用這個小裝置管理你生活的每一個面向，工作、約會、旅遊、理財，只要是你想得到的功能，都有APP可以載來用。但就算你有二十五個APP同時在背景執行，還有堆得如山高的待辦清單，**你一次還是只能用你的手機做一件事情**。跟你的老爸老媽視訊、回老闆訊息、訂機票，或是幫你的IG美照tag一個超讚標記。

那些比我懂科學的人已經寫過一堆關於**一心多用迷思**的文獻。用一句話總結就是：不只是手機，人類實際上不可能一次做超過一件事情（唯一的例外是聽音樂，但如果你在聽自己愛歌時居然還一邊想做別的事情，那你根本就不配聽。）我要說的重點是：如果你認為自己可以一邊看小孩踢足球賽，一邊寫出狠狠打臉討人厭同事的神回覆，事實上你至少會搞砸一件事，更有可能是兩件事都搞砸。

搞定人生屎事也適用於同樣的原則。

專注。小小的、容易解決的小塊。一次一塊。

回頭來講剛剛假設的找工作計劃，你確定了你的目標（找到新工作），然後制定了策略（步驟一是「更新履歷」）。所以拿起你真正的或意義上的手機，然後**為那個步驟安排時間**吧。在禮拜六空出一小時來更新履歷，不要出門喝下午茶、不要點內容農場的新聞來看，也不要關注球賽的比數。

你大可以說「我可是一心多用的專家耶！」那我就要問問：「是這樣嗎？那到目前為止，你覺得這個能力有讓你的生活步上軌道嗎？」

不要想著當英雄。**給自己足夠的時間跟空間完成該完成的事，往你的目標邁進**。如果應該完成的屌事是更新你的履歷，那就給自己一個小時；如果是買一套面試用的新套裝，那就排一個下午；如果你發現自己的技能組合不足，必須進修一個學位或一張證照，好為自己爭取不一樣／更好的工作，那接下來的兩年到四年，你就應該要專注在進修上。你一切的努力最後都不會白費。

乍聽之下，這好像把事情想得太簡單了。你可能完全不相信自己能擠出幾個小時，來做任何、一丁點其他的事。我可以確定，有超多必須一邊工作一邊育兒的爸媽（或是無法工作的全職爸媽，或是都在工作的全職非爸媽）已經準備好要狠狠蓋上這本書，然後再把書狠狠砸在我臉上。但我保證會在第二部分討論這個問題。到時我們可以百無禁忌，大膽討論如何排出優先順序和進行時間管理。

但現在你只需要知道一件事：一旦你確定策略、鎖定目標，**你就對投入做好萬全準備了**。

說出「我願意」

如果你想要得到一個新工作（或辦一個超棒的晚餐派對、五分鐘內跑完一千六百公尺、打掃你的房子或是寫本小說），你就必須穩穩踏出帶你抵達目標的每一個步伐。你必須挪動你實體或意義上的腳，往前踏出一步。這件事就像拿出你的實體或意義上的錢包，然後把你實體或意義上的錢，投資到你宣稱自己想完成的事情上。**請記住：不是只有錢才能代表行動與投入**。

所以如果你設下了找到新工作這個目標，而你策略的第一步是更新履歷，你也在禮拜六空出了可以專注在這件事情上的一小時，那你就必須這麼做。**讓自己進入狀態**。坐下來，打開檔案，然後**完成工作**。你已經撥出一個小時了，就好好利用它吧。

如何進入狀態

穿上你的幸運內褲
開合跳五下
放首《永遠不回頭》來聽
點香氛蠟燭
捏捏臉頰，讓自己散發健康好氣色

最後，有個很重要的提醒是「**你的成就取決於你的最後一步**」。你更新好的履歷簡直是太完美了！但如果那個檔案只是一直擱在資料夾裡長虛擬灰塵，從來沒寄給潛在雇主，那你壓根沒把屎事搞定，就像是分開一對冷靜卻沒有正式分手的情侶檔，我們都知道那樣做的下場很可怕。

你得**投入到底**，換句話說：占了茅坑，就把屎給拉出來。

當然，有些人就是藉口一堆，行動障礙。他們並不是真被嚇壞或事情太多，他們就是懶。他們會一直重複做同樣的事（也就是什麼都不做），卻期待會有不一樣的結果。我的推特動態上常出現這樣的人，說一些什麼「管那些人生屎事去死！」幹得好，我知道這是什麼梗，你已經看了我的第一本書，對吧？

沒錯，管他去死！聽起來超棒的！搞定人生屎事？太遜了，**聽起來超累的**。

但福爾摩斯，我說的是心靈「整頓」，可不是心靈「停頓」啊。

如果你就是愛講幹話、沒有任何人生目標，而且也完全不想設定人生目標，那也很好；不過你就浪費了買這本書的錢了。

而且我們會對這樣的人說些什麼呢？

說真的，搞定你的人生屎事吧！

「但是【找到自己想做的事】實在太難了！」

快上車，不管怎就是要出發！我的字典裡沒有「太難」這個字。如果你想爭論這點，也許你應該馬上停止閱讀這本書，然後去問書店能不能退你錢。不過穿好褲子出門、搭車到書店，然後對店員承認你一點也不想搞定人生屎事，對你來會不會也太難呢？

哼哼，我就知道。

在我的想法裡，目標的達成度是個連續值，對應的困難只有程度上的差異。如果你設下一個合理的目標，參數都在可控制範圍內，那它理應能夠達成。我是不會陪你去跳那個「我雖然沒有任何相關經驗，但我的目標是選上總統」的坑的。

舉例而言，對我來說跑馬拉松肯定是件「難」事，但我有幾個跑完四十二公里全馬完全沒問題的朋友，要他們準時出現在餐廳赴約反而是件難事。事實上，世界上每天都有人能完美完成這兩件事，因此這兩件事都不屬於「太難」的範疇；但如果是總統，每四年才會有一個人選得上。所以，雖然我是不會把跑全馬設成目標，但理論上那是可達成的。

換句話說，「難」是一種主觀認定，**當你說「太難」的時候，其實是在說「我還沒嘗試就已經想放棄了」**。現在，你何不振作起來，繼續往下讀呢？

負向思考的力量

就像我在《管他去死是人生最大的自由》裡說的一樣，我獨家研發整頓心靈的**「不抱歉的清理法」**，讓你用來擺脫心煩的事（你不想奉獻的心力），把在乎成本（你樂意奉獻的心力）留給讓你怦然心動的事。就兩個超級簡單的步驟，快去找來看看。

而為了進行接下來的討論，你要知道「不抱歉的清理法」的重點是要**聚焦在你的「不悅」**。從你的在乎和不在乎事項清單上，用粗黑麥可筆劃掉高爾夫球還有企業派對，可是超好玩（這不是開玩笑，我的上一本書裡面真的就是叫你做這件事。）總之，同樣的概念也可以應用在搞定人生屎事。

請容我好好解釋一下。外面有很多大師一聽到「抱負」這個詞就高潮，他們想要你成為最好的自己、使出渾身解數工作，然後收穫最多的報酬。當然，這實在很棒棒，但我看了讀者來信之後，發現**很多人的「抱負」不是擁有更多或做更多事，而是更少**。

這就是為什麼我這個厭世系大師相信的是**負向思考的力量**。

比起做白日夢，想像一個更有錢、更苗條、更整齊的理想未來，你要專注在此時此刻**不要窮**、胖，還有一團亂。**設定目標不一定是要發願成為什麼，也可以是終結那些你不想要的狀態**。那些對心煩人事物的憤怒能讓你充滿力量，是驅動你搞定人生屎事的超棒工具！（嗯，說「憤怒」是有點過火，就說是不悅、不適或不快樂吧。）

這個方法真的很管用。前面有稍微提到我的人生大轉變，我從一個在公司汲汲營營往上爬的上班族，變成在沙灘上啜飲冰涼飲料的自由工作者。敏銳的讀者會記得在〈寫在前面〉裡，我特別提到在做出那些改變之前，**我非常不快樂**。

我辨認出那種不快樂的感覺，並且想消滅這種感覺。這驅使我開始搞定人生屎事，然後設定出我的第一個目標（們）：

- **不要**再不快樂
- **不要**再待在大公司
- **不要**再像可憐的流浪狗一樣忍受嚴寒的冬季

這聽起來可能有點反直覺，但**正是因為我專注於找出生活中的負面事物，我才得以找到未來的正面方向**。我原本真的不知道何謂快樂，只知道它不屬於我。那時的我，對於自由工作者或異國生活毫無概念；但我知道在天寒地凍的美國東北部多待一個冬天，一定會讓我覺得生無可戀。那時我能感受到的，只有不容錯認、持續不停的不快樂狀態（還有過低的核心體溫），因此我能夠想到的唯一目標就是終結那個狀態。

那其實不能說是抱負，而比較像是**我受不了了，快把我從這個鬼情況解救出去**。一個在心頭迴盪良久的「**靠，挫賽！**」時刻。

但一旦我把**消除不悅**設立為目標，訂定策略、專注並投入之後，**快樂就主動現身了**。不錯吧，想像一下這種感覺（這些日子以來，我的人生目標有時只剩下把曬痕弄得均勻點；但即使是這樣的目標，還是需要策略、專注和投入的。）

所以，如果你扛著債務生活、身上多了你不想要的十公斤，或是用車子的後座當活動洗衣籃會讓你不快樂——這些生活方式如果會讓你感到悲傷、挫折或憤怒，**就利用負向思考的力量將你的感受化為行動吧**。與其追逐那些就在眼前飛舞，卻怎麼也捕捉不到的美麗願景，先把腳下在地板上亂爬的蟑螂踩死比較實在。

殺幾隻蟑螂以後，我想你現在應該熱血沸騰了吧？

各就各位，預備，跑！

在你處理掉蟑螂殘骸前，還有一個小小的步驟要做：請花一分鐘，坐在這個平靜的、沒有噁心蟲子打擾的黑暗之中，仔細思考什麼是人生的勝利，是**你自己**的人生喔。

不管是物質上還是情感上，有沒有什麼目標跟成就，是一旦完成，就能讓你忘情跳出勝利舞步的呢？我不是在說其他人覺得什麼是贏，或你自覺應該有什麼目標或成就，我問的是：**什麼事情能讓你感到快樂**。

是找個新工作，還是讓現在的工作不要那麼令人煩躁？是改善與另一半的親密關係，還是放生彼此跟他斷得一乾二淨？（同場加映：你今晚想睡在沙發上嗎？）

是狠狠甩掉十公斤肥肉，或者，你想變小一個尺碼其實只是因為社會的眼光？如果是後者，就別管體重計上的數字去死，那只會讓你的內心更加一團亂。如果是前者，就讓我們來搞定你的人生屎事，然後讓夢想成真。

喔，不對，是你要搞定你的人生屎事，我只是告訴你方法而已。

第2章

小小屎事：搞定眼前每一天，打造美好大未來

本書進行至此，你應該已經知道我最愛的消遣就是「把事情切成小小的、容易解決的小塊」。所以，為了你，我們先從幼幼班的程度——也就是小小屎事——開始，讓一切感覺起來超輕鬆。小小屎事就是**你得常態處理的例行事務**，像是準時出現、對干擾說不還有讓信箱收件匣保持在你的掌握之中。一旦你把這些事情搞定，人生的困難程度就會顯著下降，你也會更容易保持愉悅。然後你就可以去面對更大的挑戰，例如退休規劃，或是在陽臺打造一座城堡。

第二章的內容是關於**找出起點**、**時間管理**的訣竅、如何**藉由拖延排出優先順序**，還有區別**「待辦」清單跟「必辦」清單**。

我們也會整頓你的收件匣，針對衝動管理來個真心對談，然後詳細地檢視一些情境題，像是在辦公室待到很晚無法脫身，還有每個月入不敷出的情況。

也許你覺得這些事情對你來說易如反掌，如果是這樣的話，恭喜你在遊戲中取得領先。不過，我仍要謙卑地建議，複習這堂課對你來說還是利大於弊（還可以避免錯過我在本書中到處埋下的梗。）

在第三章還有第四章，我們就會把**範圍延伸到困難的屎事**（像是前面提到的退休規劃，還有其他成熟大人該應付的事），然後再深入到**深層屎事**，像是心理健康、存在危機、還有我提了又提的人生大轉變。

現在，讓我們先從小小屎事開始吧！

初心者的新開始

是什麼阻礙了人們，讓人們沒辦法搞定人生屎事呢？如果你是個典型魯蛇，你的答案可能是**「我根本不知道要從哪裡開始」**。因此，要走上搞定人生屎事的旅程，最合理的起點就是：先把這個爛到爆的藉口狠狠打碎。

拍謝捏，不過這個藉口真的是爛透了。現在進行的這部分，我會先來個比較嚴格的震撼教育——你以後會感謝我的。事實上，所有在讀這本書的人，已經都知道「要從哪裡開始」的答案是什麼了，我為什麼知道你知道呢？因為我早在第45頁就告訴過你了啊。

你得從**設定目標**開始。

用來設定目標的「什麼／為什麼」方法

步驟1：

我的人生出了什麼問題？

步驟2：

為什麼？

一旦你開始問自己這兩個問題，你就已經在找到目標的路上了。

步驟1（我的人生出了什麼問題？）的答案如果很籠統，那沒關係，但也不可以太過籠統喔。舉例來說：

「我窮爆了」是你可以努力的東西。

「我覺得每件事都不對勁」就不是一個有用的答案了，你必須把這個沒用的答案再分解，變成小小的、容易處理的小塊才行。

「我和倦怠感有不健康的依存關係」就是屁話，你心裡也知道吧？

所以我們假設你真的窮爆了，**步驟2（為什麼？）的答案可能千奇百怪，比如說：**

- 我失業了。
- 我打賭輸了。

- 我把兩個月薪水都奉獻給知名品牌旗艦高性能衝浪板，然後發現根本沒地方放；現在還得月繳兩千塊保管費，來把這個因為中年危機買的玩具永遠供在出租倉庫裡。

記得，你所設定的目標必須要能夠解決步驟1和2所描述的問題。比如說：

- 找到一份新工作（欲知撇步請參照59頁！）
- 不要衝動地對兩百分之一的賠率下注。
- 賣掉衝浪板，退掉出租倉庫，找個便宜的方法發作中年危機。

很有道理吧？再給你一個例子，隨隨便便就又想到一個：

我的人生出了什麼問題？工作進度落後太多。

為什麼？我浪費太多時間在網路上瞎逛，沒有去處理更重要的事。

目標：控制我上網瞎逛的時間。

如果你步驟1的答案剛好剛前面一樣，但步驟2的答案不同，比如說可能是「參加太多拖很久的午餐會議」或「有個同事老是跑來向我抱怨她有多命苦」。那你的目標就是要對那些因素對症下藥。你也許該出去買午餐，或是在你的辦公室門口貼上「某某不得進入」。

如果你步驟2的理由具有多重面向（完全有可能，職場是一個引力場複雜強大的時間消失黑洞），那就一次列出好幾個答案，然後為每個答案都設定一個目標。當你準備好要實現目標的時候，你需要**排出優先順序，然後從最重要的那個目標開始**——等時候到了我們就會練習這個技巧。

這裡讓我再加碼一個案例，這是從「搞定人生屎事大調查」的兩千四百個匿名結果裡挑選出來的例子，本書接下來將會不斷引用這個調查。*

我的人生出了什麼問題？八個月前買的那臺電視的巨大包裝盒，現在還躺在客廳裡。

為什麼？因為我沒有把它拿去回收。

目標：把那個該死的包裝盒拿去回收。

（當初填問卷時留下這個答案的朋友，希望你正在看這本書，你的生命中很顯然需要這個方法。）

來，現在輪到你了：

我的人生出了什麼問題？

___

為什麼？

___

目標：

___

＊ 雖然這不是歷時八年、經過雙盲測試的縱貫研究（我的編輯可是馬上就指出這些缺陷了呢）；但對於人們常見的問題、想要達成的抱負還有苦惱，這個調查還是提供了很有價值的洞見，而且調查結果還具備了純天然的喜劇元素。

看吧，你已經踏出第一步了。就跟你說這不難吧。

別把標準訂得太高

用完全不合理的標準來檢視自己，可不是贏得人生勝利的方法，**把標準降低一點沒關係的**，特別是在剛開始學習怎麼搞定人生的時候。舉例來說，想減重的一般人不太可能變成超模，如果設定那樣的目標，就像追著會一直跑給你追、永遠到不了的終點線一樣讓人洩氣。如果你知道永遠沒有抵達的那一天，你怎麼會想繼續跑呢？你當然寧可放棄、回家，然後坐在沙發上跟歡樂大包裝的奧利奧餅乾培養感情啊。嗯，說不定這就是你到目前為止的經驗，至少某種層面上來說應該是類似這樣，所以你才會正在讀這本書。

所以別那樣，請針對**自己**生活中心煩的東西，**設定實際的目標**。不要拿別人的三圍做參考，在開始進行前述流程前，請把其他不相關的東西都掃地出門。我不是說了嗎？整理內心是單兵任務，請別把別人牽扯進來。

當人生屎事紛飛，光陰也無情飛逝

一旦你搞清楚該從何開始，就是該想想什麼時候開始的時候了。比起連鬧鐘都會忘記設的人，你會設鬧鐘還算是好的；但其實就連最能幹的人，都有可能為時間管理而苦惱。怎麼會呢？你四處看看，我們可是被各種報時裝置圍繞：在家裡、車裡、辦公室還有所有你想得到的地方，而且類別五花八門，包括手錶、你的哀鳳、電視盒、微波爐，**還有太陽本人**。

這些都是幫助人類管理時間的工具，每個人都應該好好利用；但對那些搞不定人生屎事的人而言，**時間彷彿永遠不夠用**。待辦清單上總是有太多事情，一天的時間總是太少，如果他們的人生只有一首成名曲，副歌部分就會是「**想做不能做才最～寂寞，時間不夠用只剩～離歌～～**」在這裡我又要來狠狠摧毀一些爛藉口了。時間這回事呢，可以說是無限（除非有顆小行星把地球毀滅），也可以說是有限的。因為每天都只有二十四個小時，你得聰明利用這些時間。

就像我們可以好好管理躁動的腸胃，時間也是可以好好管理的。

你要的一切就在行事曆上

我想要在這裡喊個20秒的暫停，來討論一下行事曆這個東西，還有你為什麼應該擁有並學習如何使用行事曆。行事曆不只是掛在牆上有水果圖片的俗氣玩意，或是每頁都印著勵志金句的方形紙冊。不使用行事曆，就像是玩跳棋不用棋盤一樣，只有流浪者還有神明不需要行事曆，前者沒有要抵達的目的地，後者可以隨時出現在任何地方。你是一個大活人，當然需要行事曆。

我剛好是個習慣性早到的人，因為我超討厭讓別人等，這個理由就足夠讓我動起來了。當然，這也是因為我跟時間擁有健康的良性關係，它懂我，我懂它，而**了解時間可是搞定人生屎事的關鍵要素**。

那為什麼有些人就是沒有時間概念呢？問得好。在我對「時間管理技巧非常差」的朋友們，進行詳細又不科學的觀察之後，我發現他們有一個共同特質：不是他們喜歡讓我等，也不是他們手上都沒有時鐘，而是**他們對於完成一件事要花多少時間沒有概念**。

舉個例子吧，有個對時間管理一竅不通的朋友會傳訊息告訴我「我先洗個澡，十五分鐘後見」，即使她此生從未洗過十五分鐘的戰鬥澡，但她真的沒有惡意。不過有些人對自己洗個澡再準備出門要花多少時間，真的是毫無概念。當然，十五分鐘還不是很誇張的估計，因為有人可能會說「我先去燙個頭髮，五分鐘後見囉！」

所以如果你是這類人（對我的前室友揮手），而且你討厭遲到的程度跟我討厭紐約洋基隊的程度一樣，那就請為此做點努力吧。

（當然，如果你習慣性遲到，那我猜你應該挺喜歡在每次遲到時來個即興創作，唱作俱佳地向同事或約好晚餐的朋友解釋自己為何姍姍來遲——這裡塞車那裡塞車，我一時找不到我的這個那個，那個誰誰誰一直找我講話，我本來已經要出門，結果竟然……醒醒吧，你知道沒人信你那套吧？）

如果你想，也準備好要當一個可靠誠懇的人，而不是遲到又沒擔當的傢伙，改善你的時間管理技巧兼搞定人生屎事的第一步，就是**計算自己完成日常活動所需的時間**。

舉例來說，在你踏進浴室前按下你手機上的碼表（或是那種廚房計時器，它要拿到浴室非常容易），讓它一直跑到你真的準備好出門的時候，再按停止。每天這樣執行，持續一週，然後統計一下你的數字。禮拜二是除毛日嗎？要多十分鐘。禮拜五洗戰鬥澡？減掉五分鐘。當你盯著那些時間統計數字，被迫面對現實的時候，你就不再有藉口「錯誤低估」早晨淨身儀式需要的時間。

離開辦公室也是同樣道理。不管你是要去機場、去赴誰的晚餐約（或是跟保母換班、在乾洗店關門前去拿衣服，或其他一百萬種下班後可能要做的事情），缺乏時間管理技巧的人老是嚴重錯誤低估工作收尾需要的時間。我只是在說走出辦公室喔，甚至都還沒算從辦公室移動到機場或餐廳的時間呢，因為就連讓自己從辦公室抽身這種乍聽簡單的事，需要花的時間都比你所認為的要長得多。

如果你覺得這情況聽起來很熟悉，不妨試試看用一週時間探索這個魔幻的時間黑

活動：		
星期	時間	附註
星期天		
星期一		
星期二		
星期三		
星期四		
星期五		
星期六		

洞。選一天，在走出辦公室的時候下定決心別跟任何人閒聊，也不要順便去上個廁所，然後算算自己從關上電腦、打卡（或關掉咖啡機之類任何表示下班的動作），到你真的完全抽身需要花多少時間。

那個就是「離開辦公室」需要花的時間，這樣一來，你就**掌握基本盤**了。接下來你還得考量各種變數。

在這一週裡，當你起身準備離開辦公室的時候，就按下手錶或手機上的碼表，然後到你真正離開大門前，不管發生什麼事都別碰它。你可能會被同事拉走，或是突然湧現一股屎意，這都沒關係，就把結果記錄下來，然後跟你的基本盤做個平均。這應該是全世界最簡單的作業了。做完這件事以後，當你說出「正在離開辦公室，十分鐘後見！」你就會對這句話的可靠度有更精準的掌握。

當你已經對自己的估計有十成把握，**你還是可以在估計上加點緩衝，這有害無益**。如果你不想在派對開始的前十分鐘按下主人家的門鈴，你可以在那附近繞幾圈，總好過在人家進行感人肺腑的致詞時，像吵鬧又惱人的大型工具一樣跌進座位裡。

請注意：我不是要你洗澡洗得飛快，或是讓小孩餓著肚子出門。**時間管理的秘訣不是加快或放慢腳步**，而是**策略和專注**（策略：Y＝完成X要花多少時間？專注：如果X是必要任務，撥出Y分鐘／小時來完成它，且／或只有在手上有Y分鐘／小時的空閒時間時，才接下X。）也就是說，不要想在五分鐘內講完一通向你老媽問安的電話。

一旦你了解**時間是怎麼在你的生活中運作**，你就能讓時間成為聽你使喚的正面力量，而不是害你錯過飛機、或害等你的朋友跳腳的業力。與此同時，也許你會想買個日晷？這可是完美的視覺提示，讓你不忘時時提升自己的時間管理技能，而且看起來還很療癒。

其他你可以測量所需時間的事

通勤（或任何從A點到B點的移動）
運動
記帳
把小孩弄出門上學
把一本書從第一頁讀到最後一頁

最棒的朋友，最可怕的敵人

時間是一艘航空母艦，上面有正邪兩股力量相互對抗，它們就是**排優先序**還有**耽擱拖延**。這兩個傢伙誰成功登艦，誰就決定你的人生是井然有序還是一片混亂。

你腦袋裡的這兩個房客在每個角落都會冒出頭來，根據我整理出的大調查結果，特別常出現的是三大人生麻煩領域：**工作**（也就是電子郵件、通訊往來與專案管理）、**財務**（也就是跟儲蓄有關的時間）、還有**健康**（也就是安排時間健身或放鬆，好讓你不僅能夠贏得人生，而且不會把自己逼瘋）。

這三個項目對克服你的待辦清單而言都不可或缺。要克服它可不容易，有很多人真心需要強大外援。就連我本人有時候也需要幫忙，所以每當我覺得自己開始滑進**心力過載**的深淵時，我就會好好整頓人生屎事，排出事情的優先順序。

永遠的好捧油

「排優先序」和**「策略」可是永遠的好捧油**，你會想要學習如何操作前者的，因為如果要克服待辦清單，列出待辦事項其實只打了一半的仗而已。接下來，你還得根據哪些事得先完成、哪些事可以再等等的邏輯，將它們**各個擊破**。

心力過載

在沒有足夠時間、精力或金錢做後盾的情況下，投注心力在太多事情上，會讓你一直處於時間不夠、心神耗盡且精力透支的狀態，接著會把你推往**心力過載**的深淵。那是一種充滿焦慮、慌亂還有絕望的狀態，甚至還有可能讓你以淚洗面。可以確定的是，你一定會感覺到絕望。為什麼呢？因為就算真的每件事都重要，都需要你操心，**但你不可能一次做這麼多事**。這時候，列出事情的優先順序就很有用了。如果有些事情真的不是那麼重要，嗯，我剛好知道一本書可以幫幫你（請見我的上一本著作）。

我有一個與時俱進的動態待辦清單，用來記錄所有近期內應該要做的事情。基本上，每當我想到一件該做的事，我就會不停更新我的清單，例如「更新信用卡自動轉帳繳費資訊」或「訂購單身派對用的惡搞情趣酒杯」。一旦我把該辦的事寫下來，心裡就會踏實許多，可以每晚小酌一番，不用擔心自己會忘記這禮拜有哪些事情要做。

隔天早上我會一邊後悔多喝了一杯，一邊思考今天有多少時間來完成各項任務（例如信用卡繳費期限就是明天，單身派對是三個禮拜後的事。）我會思考**哪件事優先順序**

更前面，並根據優先順序重新整理清單，從最緊急的排到最不緊急的。

最後我會看著排好優先順序的事項，決定哪些是真摯地、瘋狂地、深刻地需要在今天完成的是，把那些事另外寫下來——這就是「從待辦清單生出必辦清單」的流程（我看到你在翻白眼了，別瞧不起這個，我可是人生整理大師！寫點筆記不會讓你少塊肉。）

就拿今天當例子吧，我最新的動態待辦清單長這樣：

- 補染髮根
- 洗衣服
- 寫五百字的稿
- 看球賽轉播
- 去拿藥
- 訂先生的生日禮物

排好優先順序的清單長這樣：

- 去拿藥（我得按時吃藥才行）
- 寫五百字的稿（為了趕上交稿期限每天得寫的字數）
- 補染髮根（再等一天也不會看起來太糟糕）
- 洗衣服（那件褲子我兩天後才要穿）
- 訂先生的生日禮物（還要兩個禮拜才是他生日）
- 看球賽轉播（本賽季還有七十二場比賽）

最後的必辦清單則是長這樣：

- 去拿藥
- 寫五百字的稿

當我把清單精簡為真心必要的任務以後，就只剩我今天真的必須完成的兩件事。清單上其他的事項都不是「必辦」（我的儲蓄計劃已經深植腦海，與我融為一體，所以我不用把這事特別放在清單上；但可以這樣省略，是因為我已經是箇中老手。）

現在，**我的今日行程感覺平易近人多了**。我不會因為覺得有很多事沒做而慌亂，因為要馬上完成的事其實也沒那麼多，我也清楚知道自己要從哪裡開始。最後，比起處在心力過載的狀態，我知道時間比我想得還要充裕，搞不好還可以多解決一兩件沒那麼要緊的事。

我可以一邊寫稿子一邊洗衣服。我可以先跳過訂禮物這件事，畢竟我都還不確定自己想送什麼，我還有兩個禮拜可以認真想。而且，如果我在晚上七點前解決工作跟洗衣服這兩件事，我就可以好好坐下來，問心無愧地一邊喝杯紅酒、一邊欣賞球賽了。

到了明天，「補染髮根」就會被移進必辦清單，但「去拿藥」跟「洗衣服」已經被解決了，一切都在掌控之內，這就是**排出優先順序的魔法**。就跟吹直笛一樣簡單，可以讓你感覺良好，而且所有人都學得會。

「必辦」大法

1. 列出一個待辦清單
2. 把清單內的事根據緊急程度排出優先順序
3. 把今天必須完成的事項移到必辦清單裡
4. 完成那些事情，其他的東西明天再處理
5. 重複步驟 1-4

與敵共枕

接下來的事情就棘手了，因為你腦袋裡的另一個房客——耽擱拖延——可是一個難以捉摸的傢伙。耽擱拖延可以讓你延後作為，也可以讓你把時間花在那些不緊急（或有

趣）的事情上，而不是真正緊急（通常不好玩）的事。不管是哪種作用方式，對這傢伙屈服會把你送進心力過載的狀態裡，抵達的速度比奧客用混帳行為讓自己被趕下飛機還快。

如果你把所有的作為都往後延宕，很可能就會讓自己陷入那樣的狀態。比如說因為你**錯誤認定所有待辦清單上的事項都是「必辦」**，然後又知道自己不可能都完成，所以你就整個人癱瘓，什麼也做不了。接著你打電話向公司請病假，對所有的邀約都回以「抱歉，我今天無法去了」，然後躲在床下等著壞人自己走掉。

（說真的，那些說自己有「太多事情」要做，所以沒辦法完成任何一件事的人，很可能就是因為他們一直拖，搞得清單愈來愈長，然後就變成了「太多事情」。）

如果你先做完所有低優先度的事情，但高優先度的事情一件也沒做，你也可能把自己搞到心力過載。那樣做是一種自我欺騙，但你騙不了太久的。比如說，如果我花了一整天逛街找我先生的生日禮物，但稿子半個字沒寫，我也許可以安慰自己還是有完成一件事。但明天來臨時，我面對的可是兩倍的寫作量，這會逼得我得躲進床底，就像《即刻救援》裡躲避人口販子的女孩，這樣一點都不好。

還有一個可能性，**那就是你甚至做了一堆不在清單上的事！**沒錯，這才是真正危險的圈套啊，聰明的你發現了嗎？

事實上，我們可以深入檢視一下這個情況。

如果你曾經嘗試節食，那你應該對用「飲食日記」記錄所有吃下肚的東西不陌生，這是建立飲食習慣和自覺的老方法，可以幫助你認清自己在沒自覺的情況下，到底亂吃了多少東西、有多常「再吃一點點」，還有那包將近五百公克的起司蝴蝶餅派對分享包，你到底騙自己裡面只有一份多久了？

同樣的道理，我們不寫飲食日記，來寫寫耽擱拖延日記好了。把這禮拜你用來逃避真正應該完成的工作的事情，通通列在日記裡怎麼樣？我在下面給你留了一些空間，但如果你需要更多地方寫，千萬別客氣，多弄幾張紙來。你列出的事項愈多，我的論點就愈牢不可破，這對我的個人品牌來說可是好事。

怕你想問不敢問，其實對於這樣的行為模式，我也不是完全免疫，只是隱藏得很好而已。但為了表示我與你站在同一陣線，我就掀一下自己的底吧：

【為了逃避待辦清單，我所做的十件不在清單上的事】

1. 修剪死皮
2. 研究我懷疑自己有的各種皮膚疾病
3. 重看《瞞天過海》第五十次
4. 在臉書上跟網友進行無用的政治筆戰
5. 幫別人摺洗好的衣服
6. 進行不同品牌辣醬的盲測
7. 重新整理我的護唇膏收藏，幫它們編色碼
8. 試圖背下一首超長歌詞（而且失敗了）
9. 練習我模仿政治人物的技巧

10. 凱格爾運動

現在你應該在想「好吧」，還有「真噁，我才不想知道你有在練凱格爾運動，你到底要不要講要怎樣才能解決拖延症呢？我就是為了這個買這本書的！」

是的，我聽到你的心聲了。這的確是個嚴重的問題。不管是什麼也不做，或是只做些無關緊要的屁事，對你的未來都一點幫助也沒有。到目前為止，你還沒能讓拖延這個房客離開你腦內客廳的沙發，而且他還一直偷用你的洗衣精。

但事實上，我不會告訴你要怎麼把這個討

「我為了逃避待辦清單，所做的那些不在清單上的事」日記

厭的房客趕走。

你他X的是在跟我開玩笑吧？

哎唷，有必要生這麼大的氣嗎？事實上，我接下來要告訴你的，不偏不倚正是你想從這本書得到的東西。你親切的鄰家厭世系大師我呢，有一些看似瘋狂的想法。

聽過那句流傳已久的格言「親近朋友，但要更親近敵人」嗎？這就是處理拖延的方法。如果這傢伙就是要賴在你的腦袋裡，你就要**讓他為你所用**，而不是反過來傷害你。你可以用他來**延後處理那些優先度很低的事情**，把你龐大嚇人的待辦清單，變成能夠消化的必辦清單。這可以說是**理性拖延**，是不是超棒的？

讓你腦袋裡的房客兩虎相爭，可以幫助你認清那些根本不緊急的任務（排出優先順序）、把那些事晾在一邊（耽擱拖延），然後**專注在那些你真正必須完成的事**（贏得人生勝利）。你看，有幾個室友好像也不是那麼糟糕嘛。

搞定人生屎事：流程圖

好消息！在尋找進行理性拖延的方法時，你可以諮詢這個好用的流程圖。這不僅簡單，而且容易操作，就算只是呆呆地盯著這張圖，也比盯著其他東西看（比方說牆壁或是你家的貓之類）還有效益。

搞定人生屎事

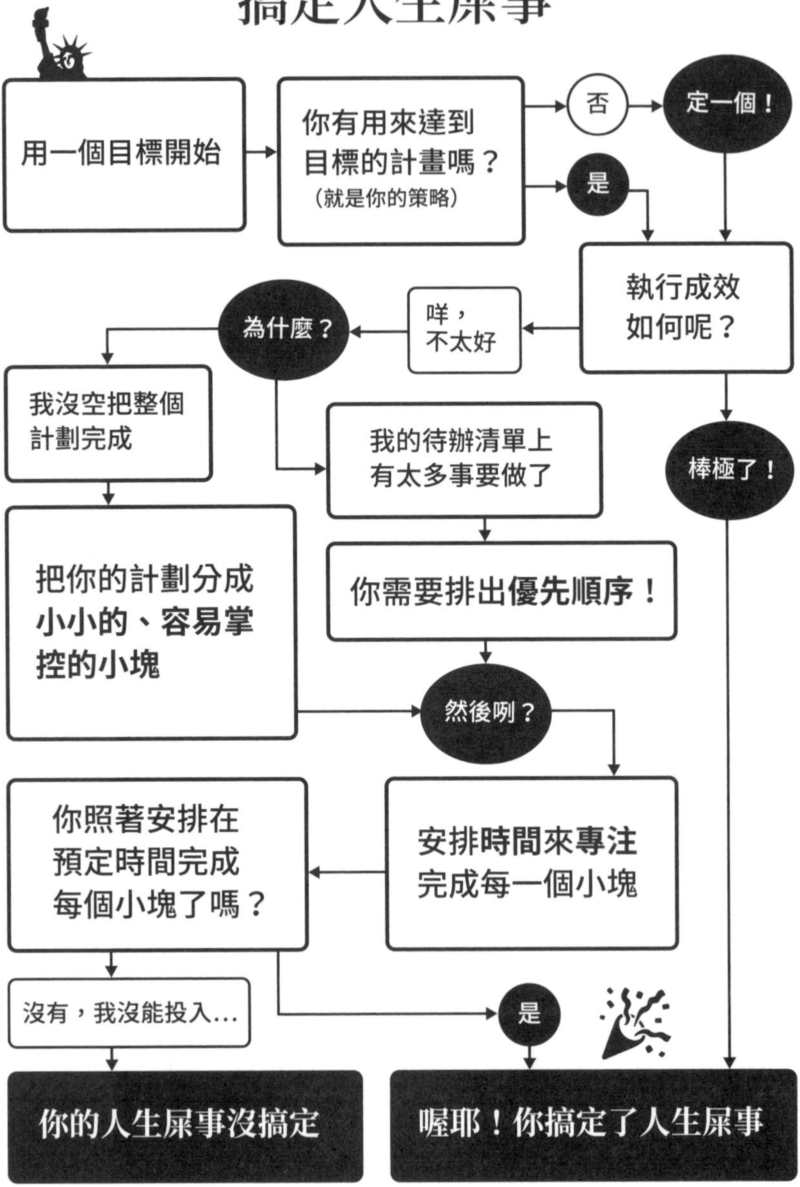
用一個目標開始
你有用來達到目標的計畫嗎？（就是你的策略）
否
定一個！
是
執行成效如何呢？
咩，不太好
為什麼？
我沒空把整個計劃完成
把你的計劃分成小小的、容易掌控的小塊
我的待辦清單上有太多事要做了
你需要排出優先順序！
然後咧？
安排時間來專注完成每一個小塊
你照著安排在預定時間完成每個小塊了嗎？
沒有，我沒能投入…
你的人生屎事沒搞定
是
喔耶！你搞定了人生屎事
棒極了！

時間去了哪裡呢?

我在前面保證過，我會幫那些**不相信自己能擠出額外時間的人**想想辦法，這些人的日子已經被不得不做的屎事淹到滿出來了。我特別能感同身受，因為我人生中有三十多年就是這麼過的。「**每天的時間根本不夠用**」（或每週、每年）幾乎是我每天虔誠念誦的咒語，而且當我用這個藉口解釋自己為什麼花時間睡覺，而不是去健身；為什麼是叫披薩，而不是去煮飯的時候，我對這句話總信以為真。

但它其實不完全是事實。正確的解釋是：我把睡眠的**優先順序**排在運動前面；而方便省事的**優先順序**，又比我根本懶得實現的煮婦幻想還前面。所以不是我沒有時間，而是我不想把我的時間用來運動或煮飯，我現在已經學會認清並承認這個事實了（我不感到抱歉。）

然而，你的情況可能跟我不一樣。你可能有孩子，他們的晚餐需要「維生素」這種玩意；你也可能很晚才能回到家，根本沒辦法煮出像樣的東西，同時讓孩子在適當時間上床睡覺。我不是在說你還不夠忙，但也不是在叫你在每次不想煮飯的時候，就打通電話訂個義式臘腸大披薩來打發。

我真正想說的是：你每天所做的每一個決定，你都可以為它訂一個優先順序，這能幫你平衡人生的多個面向。如果你能承認自己對某些事根本完全不在意，那最好；剩下那些你在意的事，就是「必須做」跟「想要做」的事，只要搞定這些，就是搞定了人生屎事。

把事情排出優先順序，可以讓你從「管他去死」的魔法中昇華，進入所向無敵的境界。喜多將會為自己新獲得的生產力讚嘆，艾文會發現人生原來沒有那麼艱難；賽門則能夠讓自己與生俱來的高效能更上一層樓，在看到自己的兄弟時產生更多優越感。

讓我們假設你是個朝九晚五的上班族，有兩個小孩，而且為「每天時間都不夠用」所苦。這個問題很大一部分是來自準備晚餐，所以也許讓冰箱隨時有不用花太多時間就能煮好、或是已經煮好的餐點（我不是說披薩喔），是個不錯的解決方法。像是利用週末弄好，分批冷凍就能加熱來吃的餐點，可能是咖哩、漢堡排或千層麵，或是大家都愛的美味燉菜。

不過假設你的周末也是行程滿到爆炸，畢竟小孩週末都待在家不用上學，需要人照顧；或需要你把他們載來載去，參加時下小孩會進行的活動，像是打樂樂棒球？（我不知道，我小時候都待在房裡看書。）你還有可能要整理家裡、洗衣服，以及做其他雜七雜八的事。你想到在不用上班的珍貴四十八個小時裡，還得做這麼多事，就覺得自己實在不可能在熱死人的廚房裡站六個小時。

你知道這個狀態是什麼嗎？**心力過載**。你、得、排、出、優、先、順、序。

選一個時間範圍，例如今天、這禮拜或這週末，在這個時間範圍內有哪些事情在待辦清單上？什麼事情最緊急？什麼事情今天（或這禮拜、這週末）之內絕對要弄完？

然後，用前面的方法**列出你專屬的待辦和必辦清單**。這份清單只能跟你的家務瑣事有關（工作先不論，那屬於本書裡的另一個範疇，留待後述）。如果你沒辦法馬上做這件事，就把你的實體或意義上的手機拿出來，規劃一小時的專注時間。**空出那一個小時。**因為不這麼做的話，你就永遠不會開始專注，我這本書也就白寫了（傷心）。

還有不可以作弊。你不可以把兩件屎事放成同一項（像是「買東西跟煮飯」），在**必辦程度層級**裡，你需要給每件事情一個**獨立的位置**（「採購日常用品跟食物」在「煮晚餐」之前，後者又在「洗碗」之前。）

列出這些清單，就是**排出優先順序的實際操作方法**。

如果餵飽家裡人是你的首要之務，那清單上接下來會有什麼呢？嗯，採買食材，這件事你也許可以在孩子忙著揮塑膠球棒的時候做；接下來要切出煮飯的時間，可能是每天開伙（煮簡單的東西），或是一次煮一批（分批冷凍加熱）。這裡要推薦一下，慢燉鍋是你的好夥伴。還有什麼呢？讓小孩分類好自己的衣服才能出去玩，這樣你就可以在等晚餐煮好的時候搞定洗衣服這件事。陽臺或花圃什麼的就不急著整理，下個禮拜它會得到更高的優先順序，到時你就能用披薩來解決吃飯這件事。

所有需要搞定的家務

根據緊急程度排列的
所有需要搞定的家務

所有我**必須**搞定的家務

如果你是家有新生兒的父母，你可能不用帶小孩去打樂樂棒球，但你會有一堆其他屎事（這是雙關語）要處理。你跟另一半可以分別弄出自己的清單；如果你沒有另一半，那可能得把「找到保母」或是「問問外婆／奶奶周末有沒有空」列成最緊急事項。

我沒辦法列出所有生活型態及親職狀態，但不管你的狀況如何，不管你有多少可以動用的外援，不管你的小孩是愛出去發洩精力，還是喜愛坐在房裡文靜看書的類型，**一旦你排出事情的優先順序，你就可以把它們排進你的行事曆裡**。

而當你要做的屎事愈多，能用的時間愈少的時候，**你的人生就更需要必辦清單**。沒錯，「每天的時間根本不夠」完成每件事，但你其實不需要完成每件事。

你只需要完成那些**優先順序在前面**的事。

脆弱，你的名字是分心！

就像艾莉亞．史塔克一樣，分心會偽裝成許多不同的面貌，而且她出現就是要弄死你。*

我不是在說那些真的會在最後一秒突然冒出來的「必辦事項」，而是在說那些陰險地從內部破壞你完美計劃的毒素。**如果把專注比喻成用來規劃人生的手機，分心就像是弄丟了那支手機**。你的日子會大亂，在那一瞬間，你會覺得必須放下手邊所有事情，飛奔到最近的電腦前，對所有朋友宣布「我的手機掉了！敬請 E-mail 聯繫！」（但仔細想想，這只會產生更多讓你分心的事，如果一天不收電子郵件，我的生產力可是會大大提升呢。）接下來，在你重新手握那臺行動裝置好重拾專注力之前，你什麼事也做不了。

所以，就像你需要改善你和時間的關係一樣，你得**遠離會讓你分心的事**。

* 如果你已經把《冰與火之歌》追到第六季，就會懂這個比喻。我不想劇透，所以講籠統一點。至於沒看過的讀者，就行行好接受這個比喻吧。

要達成這個目標，有三個簡單的方法：

進行躲避行動

在龍捲風來襲之前必須在窗戶上釘木板，同樣的道理，你對自己的弱點一定有所掌握。別讓艾莉亞利用你的弱點！如果你有損害生產力的滑臉書強迫症，就別在你試圖完成工作時打開它，想像你把它用木板釘死，然後把釘槍丟掉。

停止、倒下、滾走

假設你誠心誠意想要躲開，回過神來卻發現螢幕上開著臉書網頁，但又根本不記得是怎麼打開的，這時的應對方式，就處理身上著火時一模一樣。停止滑動頁面、雙臂倒下放在身側，然後從你的裝置旁滾走，直到你的衝動熄滅為止。

預留分心時間

偶爾讓自己的腦袋休息一下，其實也無傷大雅；只怕你動不動就休息一下，或是休息很多下，那才危險（可能不是龍捲風等級的危險，但要成為人生勝利組，可不是躺著休息就能辦到的。）如果你心知肚明自己沒辦法抵抗臉書的誘惑，那就在「我完成X任務要花多少時間」的估計裡，多留十分鐘充電時間吧。那十分鐘你愛做什麼就做什麼，不管你是要關心影集劇情的最新進展，深入了解球賽的各隊戰力分析，還是到處亂看貓咪趣圖都可以喔，喵。

衝動控制魔法師

在本書的前面，我隨便舉了幾個沒搞定人生屎事的例子，你可能有注意到其中一個是「胖」，整句話大概是「如果你受夠了窮、胖，還有一團亂」，請不要把那句話當作我對你褲子尺碼的批判。我這樣舉例，只是因為聊到人生屎事的時候，好像很難不說到身材，所以這的確是個值得探討的問題。

雖然我既不是營養師也不是健身教練，但就我所知，飲食跟運動計劃其實就是**策略**（減重／健身目標＋達成目標的計劃），而要貫徹策略，則需要**專注**（在每一餐跟每一次訓練上）還有**投入**（吃該吃的東西，動該動的地方）。減重秘訣其實只有兩個詞：**少吃。多動。**

是不是再簡單不過了？看來現在沒什麼能阻止你達到目標了！喔不，其實還有一個煩人的小問題：**衝動控制**。

請不要把「衝動控制」跟「分心」混為一談。分心會從各個方向、在你最不注意的時候，對你發動五花八門的攻擊，所以要戰勝分心很不容易，因為它太狡猾了，你沒辦法控制它到底會在什麼情境下發生。但諸如吃零食的衝動、吃冰淇淋當早餐的衝動、裹著被子賴床而不去健身房揮汗的衝動，所有衝動都是由一個單一實體發現、處理，然後採取作為（或不作為）的——那個單一實體就是你。

你不是被一塊蛋糕「分了心」，而是採取了行動，讓濃郁絲滑的奶油在你的舌尖漫開。在決策當下，這個衝動壓過了你想要減輕體重或改善身形的慾望。其實決策本身沒什麼不對，但如果放任衝動會讓你在之後感覺憤怒、傷心、挫折，或讓你無法達到目標，那你就不得不承認自己在衝動控制這道關卡上安排了一個很弱的守衛。這時你該搞定你的屎事，不閃不躲地正面解決問題。

如果分心是艾莉亞．史塔克，衝動控制就像是奧茲國的魔法師。他可不是什麼宛如惡靈附體的奪命殺手，這傢伙只是躲在你腦子的後臺，偷偷亂拉精神控制桿來給你找麻煩的小混混。你要是沒有去後臺把他揪出來，好好教訓他一頓，他就能一直得逞。但只要你開始盯著這傢伙，他就不得不乖乖聽話了。

怕你不知道怎麼開始，這裡列出一些談話要點供參考：

哎，你這傢伙，不要再這樣亂來了！

那套衣服是特別為了參加婚禮買的，我要把自己塞進去，我才不要吞下那包花生巧克力，然後悔恨交加地哭著睡著。

我的手臂愈來愈像網球選手了，真是超開心，今天早上我也要去健身房，請不要阻止我的進展，謝謝。

你喜歡拉控制桿是嗎？考慮一下拉那個「今天覺得自己很棒」的桿子，別拉那個「該死，我又做了蠢事」的桿子好嗎？

我會盯著你的，不要亂來啊，朋友。

衝動控制魔法師不過就是個穿著蠢衣服的小癟三，你才是掌控全局的人，是你要告訴他應該怎麼做，而不是反過來。我知道你不會縱容他的。

保持清醒的決定

說到衝動，最難控制的就是你喝醉的時候。我有切身的經歷，那時我還把交通錐當帽子戴在頭上，而始作俑者魔法師大概就在旁邊拍我的糗照吧，真是混帳。

這就是為什麼我開始讓自己做出「保持清醒的決定」，這不只能夠遏止我的飲酒量，也阻斷了喝酒產生的副作用，像是晚餐明明飽食一頓，結果兩小時後又開始在嘴裡塞進大量食物（我不喜歡節食，但因為控制不住衝動，搞得我一年要新買三次褲子，這我也不喜歡。）

保持清醒的決定其實就是讓魔法師下去休息一個晚上，別出來搗亂。當我在出門前已經控制了喝酒的衝動，就不用再去處理被龍舌蘭酒驅使的突發行為了。舉例來說，我決定（最好大聲地、在某個待會可以提醒我的人面前說出這個決定）「不能喝超過三杯」或「超過晚上十二點之後不可以吃掉一整個披薩」，那接下來酒保（或我的朋友）想引誘我再續杯的時候，就會有人逼我面對已經許下的諾言。

這個策略顯然不會百分百奏效，但它很常幫助我避免掉令人不悅的情況。我後來還發現，如果我不喝太多或為宿醉所苦，飲食就會正常很多。而且一旦做出保持清醒的決定，像是嘔吐、斷片，或是全身冒冷汗地驚醒，擔心自己昨晚有沒有寄出不妥的電子郵件之類的事情，之後都不太會發生了。

通訊往來課程

我猜，你一定在想我們哪時才要講到電子郵件。我知道，這東西超難搞。在這個時代，把電子郵件完全納在掌握之中，大概就是那句老話「這不容易，但總得有人來幹」的具體實現。很不幸地，那個「有人」就是你。如果你總是處理不完電子郵件，你花在打信件內容（和挑選表情符號）的時間很可能就是罪魁禍首。

總之，搞定你的人生屎事代表整理好你的電子郵件，不管是你的私人信件還是工作上的往來，更別提你LINE訊息、IG、臉書、推特、部落格、YouTube頻道還有其他各種管道。這些溝通型式可能必要、非必要、有趣或冗長，**但它們每一個都會消耗你的時間**，當有人在一天裡歡樂地回覆第三十七次「再次感謝您」時，他顯然沒有考慮到這點。

因為我們身處二十一世紀，接下來我會用電子郵件當作主要例子，但同樣的原則也可以應用到所有通訊軟體。

現在，與其畏畏縮縮地縮在桌子旁，我需要你好好坐好，伸展一下你用來打字的手指，然後開始幹活。如果你的收件匣是聖母峰，讓我們召喚出你內心的雪巴人，開始征服這座山吧。

重點不是收件匣大小，而是你的使用技巧

用「**我每天收到太多信了**」當作藉口，來解釋自己為什麼搞不定屎事，就好像是在說下面這段荒謬的話：「我家裡蚊子太多了，所以我只能坐在這裡讓牠們咬，而不是噴防蚊液跟點蚊香。」

！！！最新獨家！！！大部分人都會收到一狗票郵件。你覺得「太多」，可能不是因為數量，而是因為根據你目前的歸檔系統，電子郵件在你看來太多了，而且你的那個歸檔系統要不就是半吊子，要不根本不存在。

是的，有些人就是每天會收到一堆信，**但數量並不是真正的問題，時間管理才是問題**。你覺得自己收到太多信件，是為你沒有用即時、有效的方式來處理它們。

除了取消訂閱郵件列表，還有哀求你爸把你移出長輩笑話分享群組，對於收到多少電子郵件這件事，你幾乎沒什麼事能做了。你唯一能做的事情，是狠狠攻擊你收到的電子郵件，有多狠呢？就像《鬥陣俱樂部》裡面愛德華．諾頓攻擊由布萊德．彼特飾演的第二人格那樣（如果我的劇透毀了你欣賞這部電影的樂趣，我很抱歉，不過你要先搞定電子郵件才能看電影嘛）。

為了避免你覺得洩氣，你有注意到我剛剛說的是「幾乎」沒有能做的事嗎？要減少你收到的信件數，還是有一個簡單的策略可以使用。

你可以減少你**寄出**的信件數量。

管好自己的寄件習慣

你使用寄件匣的方式，是把它當作你個人的文字表演場嗎？你會花好幾個小時創作一封優美但無人閱讀的長信嗎？或是你跟某個人有八個分別進行但其實是同個專案的對話串呢？

如果你收件匣爆炸的問題有一部分是自己造成的，那你可以從根源阻止這個問題壯大。以下就是幫你少寄點電子郵件的幾個熱身技巧：

那不是某知名歌手

假設你因為好玩或無聊（還是其實在拖延呢？）想在網路上找某人說說話，所以你傳了三封無害但也無用的信件（或訊息），分別是關於天氣、眼鏡行特賣，還有你早上搭公車看到的可能是（也可能不是）某知名歌手的男人。你打每封信各花了兩分鐘，然後奇蹟中的奇蹟發生了，三封信都有人回，你花兩分鐘閱讀每封信，接著可能要再回信（又是額外的兩分鐘。）這個永無止境的回覆持續循環，一瞬間，你本日在這三個無用的對話串已浪費二十分鐘，然後你還搞不清楚收件匣為什麼腫得像懷胎八月孕婦的腳踝？

我也有犯下這個錯誤的傾向，但我儘量當機立斷。我可能會花兩分鐘打出一封無用的郵件，然後再花一秒思考這會不會造成惱人的無窮後患（不管是對自己還是收到信的人），想清楚了就把草稿刪掉。所以也許我會損失兩分鐘又一秒，但至少不用花時間處理有回應的情況，而且別人也不用花時間看一點也不重要的非知名歌手故事。

全包式信件

如果你得定期寫信給你的老闆／同事／客戶，試著把你的信件內容濃縮成一封或兩封信件，而不是五、六封或十六封。如果你的問題或想法並不急，那先寫在草稿裡，想到時就去更新那封草稿，過了一週後再一次寄出，這也能夠幫助你去蕪存菁。如果草稿只有你自己看得到，你可能到了禮拜三就發現禮拜一寫的問題很蠢，只要趕快刪掉就可以裝作沒這回事了。

老派作法也很好

打通電話、穿過走道實際碰個面，比起用信件來來回回，跟對方來個一對一即時談話可能更省時。尤其是那種會讓你想花大把時間找到恰當的「語氣」的對話，用嘴巴能表達的語氣最精確了，省下那些找表情符號的功夫吧。

誰在乎啊？

你腦子裡可能有很多想法，但不是每一個都需要變成電子郵件立刻寄出，又不是需要緊急通報的非洲豬瘟病例。在你開始打字之前問問自己：這真的重要嗎？有五成的機會你會發現這不重要。

然後，這裡還有一些**改善你寄件習慣**的技巧。

給我事實，其餘免談

撰寫工作郵件讓你非常痛苦嗎？收信者只會回應你不到五成的要求嗎？（或是根本不回你？）因為他們沒回你，所以你過幾天還要再寫信催促嗎？告訴你，這是因為他們一看到收信匣有你的信，就馬上在心裡打出「太長，跳過」的自動回覆。沒錯，你的信件不僅資訊豐富，還有婉轉的情緒表達，行文真是優美啊；但問題就是**太長了**。我曾經是這種信件的加害者跟受害者，而對兩邊都沒好處。在《哈姆雷特》第二幕第二場中，出名嘮叨的波洛涅斯說到「簡潔是智慧的靈魂」，而它也是職場上有效郵件溝通的靈魂。

你：只寫重點，去掉那些繁瑣的修辭，就可以省下寫信的時間。別人：真的會看信。

你們：雙贏。

問出重點來

每當你在電視上觀看記者會的時候，現場大概會有三十個記者，每個人只能問臺上的名人、政客或是調查局長一個問題。也就是說，如果他們真的被叫到，他們得問到重點，而且得一針見血，問題的長度只能一句，最多兩句，說出來要簡潔扼要。

你對自己寫的信件也要有相同要求，在第一行就把你最想知道答案的問題問出來。如此一來，你得到答案的機率會高出許多；也許你還會發現：信裡的第二到二十九行其實都沒必要。

設定時間限制

老實交代緊急程度（當然，別用紅色的驚嘆號交代，那可是自殺行為。）請用清楚、有具體資訊的方式，在訊息開頭表達清楚，例如「我需要在下午五點前獲得回覆」。你一開始可能會覺得給別人設定答覆期限有點霸道，但只要你不是每封信都不分青紅皂白地表現得很急，比起含糊不清的「等您方便的時候」，一般人通常會對具體死線做出更有效率的回覆。

如果你真的能等人家方便才回，也許你根本不該寄那封信。

「再次感謝您」

如果你有回信強迫症，你知道不回那些「再次感謝您」，可以幫你省下多少時間嗎？而且很多人根本超討厭收到這樣的回信，因為這種信一下就會把信箱塞爆。假設打這樣一封信要五秒，假設一天你發五十封，你省下的時間可以透過下面這個算式算出來：

4分鐘／天 ⬇ 5天／週 ＝ 20分鐘／週 ⬇ 18小時／年

那就是二又四分之一個工作天，你可以把這些時間拿來做其他事，或是打電話說你腸胃炎要請病假，再跑去你朋友的湖邊小屋度個長週末。請注意：我可沒幹過這種事。

為了進行更充分的討論，讓我們假設你的寄件習慣已經很不錯了，不管這是因為你一開始就沒什麼問題，或是你執行了上述建議，獲得優秀的成果（不客氣）；但即使你成功遏止你爸愛亂寄的長輩圖，收到的信件量仍然把你深深淹沒，跟《鬼店》裡的場景一樣。

這時你需要用另外一部恐怖片以毒攻毒，當作你的解藥，那部片就是《國定殺戮日》。沒錯，這可能需要你好好坐著超過兩小時，但最後結果會讓你全身起雞皮疙瘩——是好的那種雞皮疙瘩。

國定殺戮日

最近有個朋友向我招認，有高達一萬三千封電子郵件在她的網路儲存空間開趴狂歡，我為她留下兩行清淚。

從她第一天登入那個信箱之後，她就再也沒體驗過那種信箱乾淨整齊的魔幻清爽感。我將那個乾淨整齊的狀態稱為「**收件匣零點**」，不是在唬你，那種感覺棒透了。

（雖然我得在這裡強調一下，就跟「**一點也不想花心力**」這個用語一樣，收件匣零點這個說法可能容易讓人誤會。如果你真的什麼心力都不想花，就代表你得一絲不掛地獨自沉睡在什麼也感覺不到的感官剝奪箱裡，那樣的話，我猜你也不會收到任何電子郵件。不過除非你活在科幻小說的世界裡，不然這似乎不太可行。同樣地，真的要讓收件匣沒有任何未讀信件，也不太可能，但我們可以儘量接近這個目標。）

你（還有我的朋友）需要做的事，就是**殺**、**殺**、**殺**。接著，每天或每週都要施展一下你的殺戮技能，確保你每次只需要用一點點時間就能把情況控制住。第一場信件大屠殺可能需要一整天，如果你有一萬三千封未讀信件，搞不好需要花上一個禮拜；但如果你想把搞定人生屎事當作長期目標，你就得利用策略、專注和投入進行短期衝刺——**花眼前的時間，省未來的功夫**。殺信行動大概是這樣：

策略：一鼓作氣，利用刪除、歸檔或回覆收件匣內信件的方式，來達到零未讀（或接近零未讀）。

專注：在行事曆上預留必要的時間。你得動作快，務必在又有十封新信件湧進你的信箱之前空出時間！（如果你的收件匣真的非常奔放，你可以算算你有多少信，先一次處理十分之一，然後就能估計一次完成任務會需要的時間跟能量飲料。）當然，你得把殺信行動的優先順序排在某件沒那麼緊急的事之上，例如用蜜蠟除腿毛之類。

專業小秘訣：一大早或是深夜進行殺信會更順利，因為這時候你可以專心處理眼前的情況，而不會收到一大堆新信件。

投入：就從「**刪除**」開始吧，因為這是最簡單的操作。你可以好好坐著，準備好按向下鍵跟垃圾桶圖示的手指，消滅那些過期的機票特賣、「有效體重管理」的問卷，還有其他莫名其妙沒被第一時間刪掉的垃圾郵件，像是那個請你轉帳九百萬美元給他的和善奈及利亞人，你有打算回信給他嗎？根據寄件人排列郵件很好用，這樣一來，你就可以一鍵消滅所有人資部門寄來的信了。你想想，人資會寄給你有用的東西嗎？就是這樣。

接下來，你會需要「**歸檔**」。你的電子郵件程式有個功能，叫做「新增資料夾」（相信我，絕對有。）所以如果你不需要對一封信作出任何行動，但之後會用到它，你就可以開個新資料夾，然後把它歸檔到裡面。我郵件資料夾的名字大概有「演講邀請」、「德國」還有「雜七雜八」（當你媽拜訪你家的時候，你不是會匆忙把不能被看到的東西都塞到某個抽屜裡嗎？雜七雜八資料夾就像那個抽屜一樣，很好用的。）

最後就是「**回覆**」的時候了，這就是你一直在逃避的事。你告訴別人你「從來沒收到那封信」或是「還沒有時間看那封信」，一個可能是你真的沒看到，因為那封信被淹沒在其他一萬兩千九百九十九封信裡；另一個可能是，因為你把自己反覆發作的泌尿道症狀，看得比實際工作還重要。給自己斟滿一杯蔓越莓汁，然後趕快把這事解決。一旦把前面兩類剔除，你就會發現把需要回覆的信揪出來很容易。不過如果你遇到需要花很多心思或時間回覆的信件，請先跳過，把那封信做為單一任務，列在你當周必辦清單裡。

屁股坐好別偷懶，垃圾刪刪刪；有用的信別亂丟，資料夾收收收；別當那個討厭鬼，信要回回回。

每日行動（或每週行動）

一旦你成功地把信殺到收件匣零點或接近零點，趕上最新郵件進度就再也不是難事。你可以給這件事一個**專屬時段，也就是說花Y分鐘或小時來專注處理這件事（X），**具體要多久看你的需求。

如果新郵件通知音效響起時，你會像巴夫洛夫的狗一樣產生制約反應，我想你知道那個音效是可以關掉的。如果我想專心處理編輯工作，完全不被打斷，就會關掉音效，但我也從來沒有錯過緊急訊息。那些東西不會跑掉，完全可以等到我吃完午餐，再鬥志滿滿地對付它們。不過我是在出版業工作，如果你是谷歌員工，有可能會因為沒隨時收信而受到軍法審判。所以具體怎麼操作，你得自己判斷。

關鍵是要進行時間管理，並且了解自己固定的具體信件量，而不是過去六個月被你忽視而堆積如山的瘋狂數量。你可以先殺一成的信看看，根據所需時間進行估計，再從你當天或當週的時間裡，空出處理信箱需要的時間。如果你撥出三十分鐘或兩個小時處理這件事（別偷跑去幹別的事情），你的生活就能更有條理、更具活力，並且擺脫「死不回信」的印象。

收件匣焦慮症

最後最後，我有一個**特別的小秘訣要送給所有在讀本書的朋友**。

你是不是總擔心如果你太久沒看信，就會有人的人頭落地、帝國毀滅、你的小夥伴再也不會受邀演出，而且**這都是因為你造成的呢？**

如果你有這個想法，就表示你罹患了**收件匣焦慮症**。「病態性秒回」雖然很誘人，但這不是解決問題的方法。

我知道你覺得是，我以前也是這樣想，大概持續了二十年，或是從電子郵件被發明出來以後就這麼相信。在我發現自己被困在「**永無止境的回覆循環**」之前，那個循環就像是沒有開始，也不會結束，是沒有人形蜈蚣*那麼噁心，但一樣悲劇。

首先，病態性秒回信件就是**對照被動行為與主動行為**的經典案例。它像是不停踢腿想浮在水面，但又不朝岸邊游，而是把所有的力氣都拿來停在原地，而且你的原地還是個讓你感到焦慮的地方。你不如直接把那些信件串拿來綁在腳踝上，讓自己直沉水底算了。如果你把一整天都用來激烈的刪除／歸檔／回覆活動，你其他什麼事情都不用做了，你會淹死在電子郵件裡。

病態性秒回還有一個可能的後果，因為你太快回信，所以幾秒（或一個小時）後，你才發現你話還沒說完，只好再多寄一封。緩一緩，不要採取被動模式，你要在有時間跟精力好好思考、制定策略並採取主動的時候，再專注地一次解決它，那時你的回信才能「給我事實，其餘免談」＊，並且是一封全包式信件。

如果你發現自己收件匣焦慮症纏身，試試看用第112頁的「停止、倒下、滾走」來解決。慢慢地從你的裝置旁撤退，深呼並審視你的必辦清單，然後記得：你今天下午三點就會去處理信件，就在看牙醫之後，寫新聞稿之前。

安排行事曆的美妙之處就在於，它能把你的腦袋從收件匣焦慮症中解放出來。

你看看，這就是一種高品質整頓內心的體現。

對於搞定人生屎事來說，電子郵件可能是最常見、最無處不在的威脅，但通訊往來其實有很多形式。如果你讀完這段並掌握了箇中秘訣，你在傳送那封無用的訊息、或是在IG上貼出那則無用貼文的時候，你可能會三思而後行，而不是不小心弄出害自己分心的雪崩式回應，或是永無止境的回覆循環，搞得自己連呼吸都沒辦法，更別提完成任何正事了。當人形蜈蚣是很可怕的。

＊ 如果你不知道什麼是人形蜈蚣，我不建議你去搜尋。

慢慢連上線

你想知道在不消耗自己文字甘露的情況下，有多少郵件大火其實可以被撲滅嗎？就假裝你的新世紀通訊裝置其實是一九八七年的撥接數據機吧。假設它光連上網路就得花三個小時，所以你一天只能開信箱兩次。

如果你把自己看信加回信的次數限制在一天兩次，你就能限制那個件背景噪音，不讓它不時打斷你，把你的專注力從其他事情上偷走。而且，每次「看信時光」都會變成必辦清單上一個具體的事項。

而且如果你隔得夠久才打開信箱，你會發現很多問題已經有人回答了（不管是工作相關問題，或是晚上要去哪裡吃飯。）這樣一來，你就可以在下次「連線」的時候，毫無罣礙地刪掉那十七封爭論老四川和詹記究竟孰優孰劣的信，而且還能享受無限續加的鴨血，因為老四川明顯好吃很多嘛。

戒除時間：實驗

接下來我要舉一個很長的例子，將我們目前為止學到的東西都串連起來，包括**設定目標**、**找到動力**、**必辦清單**、**時間管理**、**排出優先順序**、**策略**、**專注和投入**。

我們先假設一個**什麼**／**為什麼**的情境做為開場，然後我會帶著你一步步進行。

我的人生出了什麼問題？花太多時間工作，已經整整六個月沒去酒吧特惠時段喝一杯了。

為什麼？每當你對於人生有多苦的陳述裡，出現了時間這個詞，**糟糕的時間管理**很有可能就是始作俑者。對於時間，你必須發展出更深的理解，並且建立更健康的關係。

目標：在不用加班的情況下把工作完成。

很好，接下來我們來看看⋯所以大部分的時候，你出現在辦公桌（或其他類似工作崗位）的時間，都比你自己預計的、別人預計的、或是公司規定的還要晚兩個小時，因為你困在那個名為加班的坑裡，沉浸在自滿中。聽起來你需要的是給自己動力。

來，試試看**負向思考的力量**吧：

- 你討厭加班到很晚嗎？
- 加班讓你憤怒嗎？
- 午休的時候，你滿腦子都在幻想要怎麼用影印機、成人雜誌還有你同事桌上的全家福照來復仇嗎？而且要完成這個復仇，你就得在公司待到四下無人才行。
- 你想要把時間精力拿來完成工作，而不是浪費在仇恨、憤怒還有復仇幻想，好讓在歡樂時光離你遠去之前就登出辦公室嗎？

我想也是。現在讓我們應用**搞定人生屎事的理論**來解決這個情況。鑰匙、手機、錢包，都帶好了，報告，單兵已抵達作戰位置！

目標：在不用加班的情況下把工作完成。

策略：從你的待辦清單裡弄出一份必辦清單，規劃你要完成的任務，**排出它們的優先順序**，你就可以把你的一天分成小小的、容易控制的小塊，而不是一大坨龐大且模糊的急迫感。這能夠最小化你需要完成的工作量，如果你別試圖把太多東西塞到一天完成，你一定能夠更快完成。

（以此做為假設情境正是因為這個情況並不罕見，所以，如果準時下班對你來說很艱困，給**必辦大法**一個機會吧，下面有留點空間給你操作，你也可以寫在你喜歡的地方。）

專注：這就是**時間管理**登場的時候了。你已經把你的清單從十項縮減到五項，但請記住：專注就是要空出一段夠長的時間，來完成一個任務，**並且**只能用來完成這個任務——**單工處理！**為了有效專注，你必須知道要完成每項任務**需要多少時間**。當然，每個工作日都不太一樣，這個估計可能會起起落落，但如果你的時間管理刀法已經大有長進，隨著情況發展，你一定能裁切出完美的任務與耗時比例。*

投入：你列出了必辦清單，並為每個項目都安排好專屬時間；現在你得掏出你意義上的錢包，真正付出。好好坐下來（或站著，或浮在半空中，如果你是太空人的話），然後**搞定你的屎事**。這時**負向思考的力量**能夠持續幫助你。下班時間早過了，你實在受不了繼續待在辦公桌前（或太空船裡），你恨透總是因為長達三小時的「快弄好了」，而錯過好玩的活動。很好，用那些負面情緒來壯大你的行動，就是這個**感覺！**

* 這個技能對你生活中的每個面向都有幫助：你再也不會因為錯估移動到目的地的時間，而錯過開胃菜、末班公車，或是電影的前十五分鐘。

工作上所有近期內
要完成的屎事

工作上所有要完成的屎事，
照緊急程度排列

我今天**必須**完成的屎事

如果你需要更多投入計劃的動力，你可以召換內心那些疲憊感以及社群恐慌症，然後一個接一個，完成小小的、容易達成的目標，刪掉必辦清單上一項又一項任務，以此打敗內心的負面情緒。最後，你不只可以照預定時間離開辦公室，心裡還會產生從未感受過的成就感，以及對久別重逢的半價馬丁尼的喜悅期盼（所以這才會被叫做 Happy Hour 嘛）。

光天化日下的大膽偷襲

不管是第三排貨架那罐爆開的醃黃瓜，或是突然大駕光臨的執行長，屎事就是會發生，而且你可能得馬上處理，這也代表你得動態地重新安排優先順序。如果你有確實弄好一份必辦清單，應該足以抵抗一次陰險的偷襲。你可以不用躲進床底，或是逃出去，不用吞下六顆鎮定劑也可以繼續工作。這種偷襲還有個隱藏的好處：如果你安排了今天要做的事情時，沒有把優先順序搞清楚，這個必須立刻解決的緊急情況會告訴你，也許必辦清單上有些事根本就沒那麼必辦。

金錢堆砌出來的美好

除了時間跟精力，金錢也是你能支配的三個核心資源之一。金錢能夠讓你人生的勝利旅程一路順風，也能讓你處處受制。而且在這三者之中，**金錢是唯一持續受使用方式影響的資源**。如果你現在少花一點，你就能用錢來賺更多錢。你可以把先前存下來的錢拿來投資，在你睡覺或在美食網站上神遊的時候，錢會自己生生不息。

有很多人會抱怨自己的財務狀況，他們之中有些人賺得少，有些人賺得多，但他們對自己付不起或存不到買這個那個的錢，都哀嘆不止。他們覺得金錢像是難以馴服的猛獅，或者更糟，像是很難侍候、隨時可能恐怖變身的毛茸茸小精靈。

事實上，錢不過就是一張紙，而你是活生生、具有自由意志或至少兩雙運動鞋的人類。所以如果「**我不吃老本就活不到發薪日**」或「**我每到月底都只能吃土**」是你會說的話，你就是在讓金錢把自己困在牢籠裡，變成供它使喚的奴隸。

千萬不要變成金錢的奴隸。

是你要管理金錢，不是讓金錢管理你。關於理財這個主題，已經有許多經濟學家、理財專家、白手起家的富豪寫過好幾本書專門討論了。如果財務管理是你唯一需要幫助的問題，你在書店時應該直接走到商業理財區；但你卻買了這本書，為什麼呢？因為我承諾要教你怎麼把人生各種屎事都整頓得清清爽爽，這當然包括了你的財務。

我現在就要履行我的承諾了，秘訣就是：**同樣的秘訣可以適用在各種方面**。

我們才剛利用策略、專注和投入的合體技，幫你縮短了一天的工作時數。現在，我們就要用同樣的方法，**透過混搭節流和開源，來壯大你的銀行帳戶，達成你曾認為遙不可及的生活型態**。

嘿，燒錢鬼

不管你的目標是小（去十週年高中同學會要穿的一雙美鞋）、中（去二十週年高中同學會要戴的鑽石手鍊）還是大（去三十週年高中同學會前要做的腹部抽脂手術），都可以用很容易的策略，像是每天省下你的一百五十元星巴克，持續X天，直到你存到Y元的目標。

你可能希望達成的生活型態目標

清償債務
裝修家裡
擁有一套時髦的格子毛呢西裝
在線上拍賣搶標成功
把大把鈔票灑在猛男舞者身上

- 三十天的專注和投入＝省下四千五百元的香草奶霜星冰樂，等同一雙美鞋
- 三百天就是四萬五千元的鑽石飾品
- 一千兩百天就是中價位（十八萬）的抽脂手術

同樣的策略也能應用在更龐大的計劃上，比如說為了孩子（或是你自己）的牙齒矯正費用或大學學費存錢，甚至是一臺MINI Cooper的頭期款，那種車真是超可愛的。

但首先，我們先從那個萬用假設法開始吧。

我的人生出了什麼問題？我發現自己每個月都有點透支，我不喜歡這樣。

沒錯，看著自己的銀行帳戶接近零，甚至低過零，就像看著一部恐怖片，裡面有個死屁孩硬要回到顯然有殺人狂埋伏的房子裡。

為什麼？呃，我花錢有點花太凶了？

沒錯！你愈來愈厲害了。假設你每個月都多花三千元，這對某些讀者來說可能不只是「有點太凶」，但這是一個整數，而我只是個謙卑的文組人，就讓我用一下這個數字吧。不管你每個月透支的金額是多少，我都會幫你把新學到的技能應用到解決各種屎事上，你可以再根據自己人生和對於贏得人生的定義做變化（附註：在這個假設情景裡，我們也假設你搞不清楚這三千塊是花去哪裡，不然你早就停止亂花了。）

目標：每個月少花三千元。不要回到那個房子裡，不要引誘那個殺人狂。就這麼簡單。

為了達到那個目標，你必須……

制定策略：每個禮拜少花七百五十元，持續四個禮拜。聽起來怎樣？比起三千元，七百五十元是一個更小、更容易達成的小塊。讓我們一次完成一個小塊。

這就叫……

專注：在這個禮拜內，當你面對一筆支出，想一下你想花的這筆錢是七百五十元的幾倍，然後自問：**我真的需要這個酷東西嗎？**如果你的答案是否定的，不要掏出錢包、刷卡或在虛線上簽名。

不要把錢花掉，這一步叫做……

投入：如果你在時尚雜誌上看到最新上市的培根香味除毛蠟，並感到心動，但其實你的洗臉臺已經有很多罐黏呼呼的東西，不需要再多一罐，那就別買。你看看，抵抗培根致命的誘惑力讓你省下了七百五十元。出門吃晚餐？聽起來很讚，但請點單附飲品的套餐，別升級開胃菜加甜點。你看，你又少花了七百五十元。你現在已經達成本月一半的目標了，而且這搞不好也讓你達成了一半的減重目標呢。

當我這樣列出來的時候，這看起來再容易不過了；但很多人Ⓐ從來不設定目標，然後Ⓑ即使設下目標，也把目標設得太遠大，搞得自己未戰先怯，所以Ⓒ他們根本沒辦法專注在Ⓓ投入心力上。

我已經沒有多的錢可以省了

容我嚴肅地說，這本書提供的財務意見裡，其實假設你有一定程度的財力，我不想假裝沒這回事。我預設大部分閱讀這本書的人，認為值得花一點可支配收入來購買這本書，也就是說他們的確有可支配收入。但如果你在家樂福排隊等結帳的時候，不會順便看看那些想讓你衝動購物的商品，而是得捏著錢苦思，猶豫是要拿來繳電話費還是買一箱尿布；又或者這本書是別人送你的，或是從圖書館借來的，或是你把僅有的微薄可支配收入拿來買書，因為你期待這本書可以幫助你改變人生。如果你的情況是這樣，首先，謝謝你花時間閱讀；再來，希望你瀏覽我的建議時，感受到的是我說這些話原本的用意，而不是覺得自己不重要或被排除在外。最後，我希望你有被我書裡的笑話娛樂到，這些可都是我的得意之作。

如果你從不曾真正注意過自己每週花多少錢，那你可能就不會知道，那罐除毛蠟或升級套餐的價格（七百五十元）乘以四倍，就是你每個月透支的錢（還有更好的事：如果你把那個價錢乘上一年五十二週，那就是三萬九千元，有沒有覺得自己很幸運，就像在沙發椅縫隙裡意外找到這些錢一樣呢？）

現在讓我們把事情再弄得更簡單一點。

假設每個月三千元的赤字，就讓你夜不成眠；但即使細分到一週省下七百五十元，你還是覺得目標不夠小、不夠好控制的話，你可以把目標再切得更細一點，切到每天那麼細。

這樣的話，你每天得控制**不要**花掉的金額就是一百〇八元。只要持續一個月，你就能補上那每個月三千元的收支赤字。

現在，我要請你很快地把專注力放到自己每天的話費上，也許列出清單幫得上忙。如果你列出了清單（再說一次，我們假設你有可支配的收入，只是搞不清楚這些錢每個月消失到哪去了），你就很有可能在清單上找到能夠輕易剔除的項目，而且發現**不花那筆錢對你的生活品質完全沒有（或只有很小的）影響**。

你可以用來省下一百〇八元（或更多）的五樣東西

一杯咖啡
兩張彩券
三包裝口香糖
折疊一口酒杯鑰匙圈
10.8個十元商店的商品

但我要不厭其煩地再說第一萬遍：我並不是要對你的花錢習慣指指點點，也不是要告訴你什麼才是人生正確（或不正確）的優先順序。我只是要告訴你，如果你**把自己的花錢習慣拆成更小的單位來檢視——俗話說「一筆錢打二十四個結」**，你就能夠搞定你專屬的獨特財務情況。

對了，當你準備好要克服財務問題以後，請投資一百〇八元買下另外一本筆記本，監控自己每天的花費，這可能會是個值回票價的好主意（畢竟拖延日記可是個神聖的地方，不能亂寫其他東西。）藉由記錄你的每一筆花費，你會被迫直視自己做出的決定；然後你就會更容易做出明智的決定，下次你從二手市集回家時，就不會再提著一臺地板拋光機加上五公斤的過期腰果了。

我們買了動物園

很棒，所以我們聊完了不要亂花錢這個主題，現在讓我們來聊聊如何**積極**儲蓄。最嚴重的財務管理錯誤，就是在考慮完要不要存錢以後，接著說「從明天開始吧」。

人們會這樣講，是因為**終極目標實在太龐大了，大到當下根本不敢想**。

你已經知道一天省一百〇八元（也就是一週七百五十元、或一個月三千元），可以累積下多少錢。如果你把那些沒花的錢都存下來，你一個禮拜就能存個幾百塊，**持續很多、很多個禮拜以後**，你就能夠拿這筆錢來買能為你帶來超多喜悅的東西。

去迪士尼樂園玩一趟。一臺新車。一座動物園的頭期款。或是一棟房子，這也許是比較合理的選擇。

還在猶豫不決嗎？試試看把你的儲蓄計劃想成**一個小豬撲滿，撲滿的存錢口只夠放進一個十元銅板**，沒人要你一次把厚厚一疊鈔票塞到撲滿裡。要達到你遠大的長期生活目標，最容易且有效的方法就是一次完成一個小小的、容易控制的小塊。當你用這個方式來邁向目標，感覺起來就沒那麼難。轉換事業跑道很難、戒掉上癮的東西很難、照顧年邁的父母很難，存個幾千塊真的沒有那麼難，你需要的只是……沒錯，就是**策略**、**專注**和**投入**。

還有**時間**，也就是說，設定這類目標也需要你付出**耐心**。

有些人能集中注意力的時間沒那麼長，所以我才會敦請各位把這樣的目標，劃分成小小的、容易控制的小塊，才能每天對目標付出一點點專注，而不是一聽到「三年計劃」，就飛也似地逃得無影無蹤。

有關我好好存錢、辭掉工作並成為自由工作者，然後在加勒比海蓋了一棟房子的事，我已經告訴過你了。你看這有多棒！我現在不用再去無聊的會議室，不用再穿讓腳起水泡的高跟鞋，還可以無限享用透心涼的啤酒。

但是，不管我的執行成果有多麼美妙，都不是這裡要強調的重點。我真正想透過這個過程告訴你的是：**這個計劃花了超級久**。光是設定那些目標我就花了超他X長的時間，畢竟那些可是很重大的目標，你甚至可以說它們是翻轉人生的目標。在我設定那些目標以後，也不可能在同一天馬上根據那些目標改變我的生活（也並非真的不可能，只是那樣可能太任性了。）

這就是我需要策略的時候了。如同我先前提過的，我最後**花了一整年存錢**，才達到我需要的現金水位，整整三百六十五天，每天都把一點點錢存到一個儲蓄帳戶裡。

你現在可能已經差不多開始眼神渙散了，但請再聽我說一下下，因為其實只要你找到**看事情的角度**，這一切就合理了。

在人類社會裡，**總是要先付錢才會得到服務**。我們先付錢買球賽季票，這個投資必須要在接下來的幾個月裡才能慢慢回收。我們每個月從口袋裡掏出錢來支付 Netflix 貴鬆鬆的月費，然後要等到地老天荒，才能等到當初害我們花錢加入會員的劇上架完十集。多年來，數以百萬計的人將自己含辛茹苦賺來的錢、難以估計的寶貴注意力，都獻給了《冰與火之歌》的作者喬治馬丁；但如果馬丁兄不寫出最後兩集小說，他們可能永遠也沒辦法知道維斯特洛的私生子最後到底怎麼了。

如果那些情況你都能接受，對於支付自己的動物園／房子（或美妙的度假小屋，或超炫的車輪鋁圈）的頭期款付出一點耐心，當然是值得的。唯一的差別，只在於**擋在你和目標之間的金額和時間**。了解這點以後，你就能輕鬆搞定這方面的人生屎事。

每天能夠存起來的錢多一點＝達到目標需要的時間少一點

每天能夠存起來的錢少一點＝達到目標需要的時間多一點

不管是哪種方式，而且不管你是存三千，或是存三百萬找技工或買一艘（或半艘？）遊艇，你終究能達到目標。

你做得到。

一小匙意志力，幫你吞下苦藥

在我們進行到第三部分的困難屎事之前，還有一個沒說到的元素，這東西的重要性不可小看，它就是**意志力**。

對於意志力，你恐怕得自立自強。

我能夠提供你自我激勵的手段，還有時間管理的訣竅；我能夠簡化步驟，也能把勵志書加上一點迷人的幹話，來讓你閱讀時不會無聊——但我沒辦法住進你的腦袋跟身體裡，強迫你照著我的建議做。如果我做得到，我早就有自己的實境秀跟彩妝品牌了。

只有你能搞定自己的屎事、設定自己想要的目標，並且朝著屬於自己的人生勝利前進——不管對你而言勝利的定義是什麼。而為了要保持對目標的投入，你會需要一些意志力。

但你一次只需要一點點意志力，只要能讓你專注完成計劃裡那些小小的、容易控制的小塊就足夠了。有很多不同的方法可以召喚意志力，你可以看看哪種對你來說比較有效。

意志力戰爭兵法

如果激勵你的是…		使用這個策略
金錢	⇨	**小氣唐老鴨法** 想像自己在存下來／沒有花掉的白花花錢堆裡滾來滾去。
虛榮	⇨	**終點視覺化法** 貼一張自己的瘦子照在冰箱上，對付衝動控制魔法師，這不失為一個好方法。
恭維	⇨	**提升自尊法** 人生勝利組通常享受同儕的欣賞目光，如果你嚮往被欣賞，就把這用來當作前進的動力吧。
生氣	⇨	**負向思考的力量** 對於點燃你內心的火苗，然後讓行動保持熱度很有用。
問責	⇨	**「誰把你教成這樣？」法** 給你不肯前進的懶屁股一記狠踢，就像你媽以前對付你的絕招。*

這些策略會各自在不同時刻、不同情境下發揮作用；而最後一個方法，在你手無寸槳卻被困在屎事湍流的時候特別好用。

而且你會發現：**問責對於激勵人心相當有效**。

現在我得澄清一下，有些人可能覺得「問責」和「羞恥心」或「在乎別人的想法」脫不了關係，但我必須提出異議，這中間還隔著好幾道（可能是五十道）深淺不同的灰色陰影呢。**我一點也不在乎別人對我的人生抉擇有什麼意見**。我的意思是，如果有人難以苟同我的行為，我一點也不在乎，只要我確信這對自己有好處就行了。

我並不需要因此感到羞恥，你也不需要。

＊這裡的「你媽」是一個通用詞，用來代表把你養大的人，如果扶養你長大的是你的單親爸爸、你的兄姐、祖父母或是擬人化浣熊，不用客氣，請自己把稱謂換掉。

但如果我沒有認清自己的行為其實對自己有害呢？如果我渾渾噩噩過日子，比如說困在一個糟糕的工作、糟糕的關係，或真的很醜的髮型裡，但自己渾然不覺呢？如果有人是為了要讓我懸崖勒馬，才指出我的錯誤、給我震撼教育，把槳遞給我呢？

情感揍屁股

除了被虐狂，沒有人喜歡讓別人指揮自己。但定期從自己的圈圈裡探出頭來，用其他人的視角看看自己，是一種無傷大雅的深度自我檢視。遇到那些做出糟糕人生決定的人時，我心裡也常冒出：「誰把你教成這樣？」不過是用嘲諷的語氣（我想說的其實是：這麼欠缺自制力／衛生／教養的人，應該是被浣熊養大的吧？）但如果你發現自己近來欠缺問責時，這是你可以拿來自問的好問題。

如果你覺得要拿出或持續付出意志力很困難，特別是對於困難的屎事，這時你可能會下意識尋找找能把意志力敲進你腦袋的人。練習問自己「誰把你教成這樣」，可以幫助你認清什麼樣的行為會讓你媽（或是你的主人）說出「拜託，收拾一下你的屎事好嗎？」

「**誰把你教成這樣？**」的運作原理是這樣：

如果你在想：為什麼我都一直沒辦法好好認識女生，更別提交到女友了？

問你自己：我媽能接受我都不洗衣服，床上有成堆的髒內褲嗎？如果不行，怎麼可能有任何女生願意接受呢？

如果你在想：為什麼大家都升職了，只有我被忽略了？

問你自己：如果我媽知道我把一半的工作時間都拿來在論壇上刷留言，卻完全不處理任何工作，她會說什麼呢？

如果你在想：為什麼我沒有能力買那些好東西呢？

問你自己：如果我媽知道我把每個月的薪水幾乎全花在遊戲課金，她會不會覺得我很丟臉？

是的，情感揍屁股也許正是讓你啟程的車票。另外，如果你真的得被揍屁股（物理）才動得起來，那也可以，你就做自己吧（我不會批評你的。）

第3章

困難屎事：變得更成熟、跑得更前頭、活得更健康，讓整個人生好起來

你看，我們取得了很大的進步呢。現在你已經是經驗老道的必辦清單專家，你的收件匣收拾得很妥當，你的戶頭甚至可能已經多出了三萬塊，讓你忍不住想著要怎麼花它才好。你學會了排出優先順序的價值，更容易擺平你的工作，並且終於知道自己洗好澡到底要花多久時間。

恭喜！**你已經順利走上通往人生勝利組的道路**（補充：而且沒有變成討人厭的王八蛋。）

如果你是喜多類型，你應該不會再說出「我不知道從哪裡開始」，你也不會再說「我有太多事要做了」。現在，我們要進入的領域，在我看來比較像是艾文們的問題，那就是需要集中更長時間的注意力，並且持續投入的東西。容我說一下，第三部分對所有花栗鼠都有好處，而且還可以（像我習慣的做法一樣）被切分成下列更小、更容易理解的類別：

- **責任與關係：**如何當個大人，**並且**表現得像個大人。

・**工作與財務**：想找到升遷的訣竅？你不用再苦苦尋覓了，就在這裡！另外，這個類別還包含如何授權、享受休息時間還有為退休儲蓄。

・**健康、居家環境與生活型態**：如何保持硬朗健壯，好讓自己能夠活到退休；如何在打掃完家裡以後保持整潔；生活頻道用了哪些方法來唬爛你DIY很容易，以及花錢請專業人士處理有什麼好處；還有還有，如何擠出時間從事你的嗜好或進行創作。

是說，你之前是不是覺得我只會講些老生常談？告訴你，可不只是那樣。

責任與關係

在這個章節，我們會探索「大人學」是怎麼回事（我真希望這個詞是我發明的，可惜不是。）搞定你的人生屎事，可不只是管好電子郵件和撲滿，你還需要用上技術跟活力進行各種任務，包括看醫生、更換護照，還有學習如何把惱人的瑣事分派出去。你要讓自己不再需要繳逾期費用，並且開始寫感謝卡；在這麼多事情裡面，你還要找時間跟你的朋友、家人，以及其他和你有關係的人相處（當然，這建立在你想跟他們相處的前提上。老話一句，我不想告訴你該做什麼，我只想告訴你如何著手完成一件事，如果你覺得這件事對你的整體福祉來說很重要的話。）也許你對於怎麼從一段關係裡脫身更感興趣，而且是永遠脫身，而不只是暫停一個週末。如果你的情況是這樣，請繼續讀下去。但我不會把這本書放在咖啡桌上，還剛好攤開到202頁，那可是新手才會犯的低級錯誤。

大人限定

在我十歲的時候，我會和比我年長的表姊交換著看《閣樓裡的小花》*。那時我對於書裡面的「大人內容」並不是完全理解，但我的確學到了寶貴的教訓，比如「永遠不要低估人為了遺產能做出什麼勾當」，還有「如果你一整天都在吃糖霜甜甜圈，你很可能會生病」。

同樣的道理，我希望有些年輕的讀者會為了接下來的章節感到非常興奮，這不是限制級的內容（不好意思齁），但這是很有用的資訊；而且你現在讀到這些，會讓自己踏入真實世界後的人生容易許多，那可是一個有違規停車罰款和攝護腺檢查的險惡世界。

人生是個棒球場

成為人生勝利組的其中一個部分，是得搞定需要緊急處理的屎事。假設在遊樂場上有個三歲小孩踩到生鏽的鐵釘，通常會有老師、家長或保母在他身邊安撫他、拍掉他身上的灰塵、幫他塗上殺菌藥膏，然後帶他去找醫生打破傷風疫苗。但如果你是個成人，你只有自立自強這個選項（給自己的提醒：在購物清單裡面加上急救萬用膏。）

雖然踩到生鏽鐵釘是個讓人不悅的狀況，但這不需要變成危及整場人生遊戲的災難。

我知道，在你終於完全制霸日常既定行程（好球帶的直球）以後，**人生卻突然丟給你曲球**，這感覺真是糟透了。不過你很幸運，到目前為止你學到了如何把時間管理得更好、排出優先順序，還有控制衝動——這些都幫助你好好地面對這類屎事。

你已經變得更有效率了。你不再總是遲到，日子更有條理，也因此不再那麼緊張。事實上，你現在就連在睡夢中，都能把直球打得又高又遠直飛場外；這也表示你有更多時間、精力還有金錢，來應付人生球場向你擲來的各種球，不管是曲球、滑球或是陰險的變化球。

＊《閣樓裡的小花》（The Flowers in the Attic）為美國暢銷小說家安德魯絲（V. C. Andrews）的作品，於一九七九年出版，內容描述一個家族的亂倫之戀。

這類球可能包括：

非常態性花費

我們討論過每日花費，也說過要知道自己花了多少錢、花在什麼東西上。這樣你就能夠掌控自己的支出，壯大儲蓄。但偶爾的花費，像是租借禮服或是違規停車罰單這類呢？因為這些支出不是很頻繁，不會出現在每日或每月計算中；但當它們真的發生的時候，你不能因為不常見而忽視它們的緊急程度。你的確沒有訓練自己每天繳罰單，但這件一年兩度的事情出現在你的必辦清單上時，你還是得用快狠準的方式解決，因為搞定人生屎事的人是不需要去繳逾期費用的。

醫療處置

說不定你是一個具有完美基因組合的罕見樣本，所以不覺得自己需要每年健檢，或讓牙醫侵入你的口腔。這沒關係，東西沒壞幹嘛去折騰它。但總有一天，會有個醫療專業人士告訴你，你得「檢查一下那個」（或更糟，你得「處理一下」）。接下來，到你

真的去看醫生之前，這件事都會像斷頭臺的刀一樣懸在你頭上。是的，這件事很煩；是的，要打電話預約很尷尬，特別是同事們坐得離你很近而且沒有隔間的時候；然後，是的，想到有中年大叔要對你的屁屁進行觸診，實在很令人倒胃口（只是倒胃口還算好的）。但為了你的健康（當然還有你的必辦清單），你得閃到辦公室外、撥通電話，排出時間然後赴約，因為搞得定人生屎事的人，不會無端讓自己受煎熬。

過期的護照

不要任性地想到就走，不要衝到加拿大國界以後，才發現自己的護照過期了。搞定你的人生屎事啊。

感謝卡

嗨，我是一個大人，你也是一個大人，我們一起來表現得像個大人吧。如果有人對你好，你就說謝謝；如果有人對你特別好，你就把你的感謝寫下來寄給他。寄封感謝卡讓你從宇宙收到的好能量，絕對值得你空下十分鐘，然後把它丟到郵桶裡。特別一提，如果你是一大堆禮物的接收者，像是婚禮、產前派對、畢業或任何名目，請先搞定屎事，把感謝卡寫好再開始使用這些禮物。我那時一邊在機場等去蜜月的飛機，一邊把我婚禮的謝卡都寫完了；也就是說，蜜月期間的每一杯瑪格麗特調酒，我享用起來都毫無心理負擔。

煩人的瑣事

對我而言，這些事通常會跟跑郵局有關，現在已經很少需要做這個差事了，畢竟我們處在網路通訊跟貝佐斯稱霸的世界裡。我恨郵局，我在郵局裡從沒遇上好事，但你不能讓對郵務系統的怨恨，成為搞定你人生屎事的阻礙。因為如果你持續逃避煩人瑣事，拖得久了，你就得花上好幾倍的錢來確保你給爺爺的生日禮物能夠在隔天送達，這簡直是搞定人生屎事的經典反面教材。你還是得去郵局，而且你的拖拖拉拉害你損失了幾百元，我的天，搞定你的人生屎事好嗎？

送你一份小禮物

根據我最近從《紐約時報》取得的資訊，一般認為使用牙線所帶來的好處，不過是「未經證實的直覺推論」，所以如果你沒有把人生屎事搞定到每天有閒用牙線，別擔心。

無論前面的部分對你來說是**大人學概論**或只是複習，我都希望你覺得前述內容派得上用場。表現得像個大人是搞定人生屎事不可或缺的一部分，也是踏上獨立的唯一王道，能讓你搬離爸媽家，維持獨立生活，然後成為可以跟小孩說「我那個時代」一切都不容易的大人。你知道我爸以前採藍莓的時候，每二十公斤只能拿一美分嗎？嗯哼，他那時就是這麼辛苦。而我的第一份工作是在一個喜劇網站公司，辦公室牆上有著飛鏢板跟會唱歌的塑膠魚；不過我們沒有免費汽水暢飲，所以我在吹噓艱苦的世界裡，應該還有可以往上提升的空間。

而你也有。

導正關係的小船

當個大人的另外一個面向就是打造關係的小船。當你還小時，只要跟你爸媽朋友的小孩、鄰居或任何家裡後院有游泳池的人混就好了。但隨著年紀漸長，你身邊的同儕團體性質愈來愈多元，你需要對於自己想花時間跟誰在一起、為什麼要花時間，做出更有意識的決定。在大人時代完全降臨之前，你已經與一艘艘關係小船有複雜的牽連，大多是出於你的選擇，而這些以外的……你可能別無選擇。

不管是朋友、親屬或是浪漫關係的對象，關係狀態都可以分成三個種類：

- **維持**
- **改善**
- **解散**

維持跟改善需要做出努力，舉例來說，如果你跟一個小鮮肉碰面，請把手機收好在口袋，在推特上發布你們的約會實況，對你倆來說都是干擾。如果你在跟你阿嬤講電話，她不應該從電話裡聽到背景的廣播節目，你應該要專心聽她說話。

專注於單一任務能顯出你的在乎。當然，如果你總是沒空，你就沒辦法對任何人**專注**或**投入**，所以你必須先把跟這些人的會面或談話**排進你優先要做的事情裡**。

失聯

我們討論過因為「太忙」沒辦法把「把所有事情做完」；而這個說法，也老是被人拿來當藉口，解釋自己為什麼身不由己，無法擠出時間跟朋友碰面。

這的確很難。舉例來說，如果你剛從學校畢業，你會跟那些一起去派對通宵、讓你睡倒在他身上的朋友各奔東西（可能是在國家的兩端或地球另一端）。你開啟了一段新生活，突然之間必須要為許多事情擔心，例如「工作」跟「房租」。你不只沒有空閒，也沒有多餘的信用卡額度，可以讓你殺到國外去拜訪突然決定出國念研究所的老室友。你們是有臉書，所以可以光明正大或偷偷摸摸地偷窺彼此的近況（還有那位在大二的時候，差點讓你們打翻友誼小船的男孩），你們還是常常傳詢息，但一切就是不一樣了。

隨著你的二十幾歲逐漸過去，情況不會更簡單。你可能會到一個新的城市，有新的工作、新的朋友，然後試著把他們塞進生活裡。如果你有另一半，他或她的朋友也會入侵你的夜晚和周末，就像試圖入侵大明星生活的狂熱粉絲一樣。你可能也蠻喜歡他／她大部分的朋友，但他們和你的朋友實在不太合得來。所以你跟你們就得做出艱難的抉擇：禮拜六晚上該留給誰呢？連假又要跟誰碰面呢？你們必須決定跟哪些朋友在一起比較好玩、該先跟誰約，你看，經營關係真是不容易啊。

經歷這樣的歲月十年後，你也許已經換了幾個地方住，換過幾個另一半，然後多了幾十個朋友（還有至少兩百個臉友）；而現在，他們都決定在同一個周末結婚，啊啊啊啊啊啊啊。

讓我們再快轉十年，你大部分的朋友都有了孩子，搞不好你自己也有。這時候，你就連跟住在同個城市的朋友一起吃晚餐，也得要使出玩卡坦島桌遊的深謀遠慮。於是緩慢又無可挽回地，你們失去了聯繫。你大學室友叫什麼來著？還記得嗎？

也或許，你在成為孩子離家的空巢族以後，馬上就跟朋友「失去聯繫」了，因為你發現維繫你們感情的基礎，其實就只有小孩的足球賽、生日派對、畢業典禮還有婚禮。孩子大了之後，你彷彿置身陌生異域，手上只有一本翻到破爛的退休協會雜誌能作為指引。

在人生的任何階段裡，有些友誼就是無法繼續下去，這沒什麼。**重要的挑戰是要怎麼維繫（或改善）那些對你來說很重要的友誼**。那種即使距離阻隔，即使安排時間十分困難，即使你們已經只能約在白天，而且下午三點前你朋友的小孩會在你身上睡著，你還是覺得很值得維持的友誼。

首先，你**要誠實自問這段友誼是否值得你努力**，如果不值得，那我要推薦你另外一本完全不一樣的書*；但如果你覺得這是值得的，你就可以設定一個維持或改善這段關

* 是這本：《管他去死是人生最大的自由》。

係的目標，然後制定達到目標的策略。

舉例來說，當我要趕上嚴峻的交稿期限時，「跟朋友相處」的優先順序就會擺到「完成工作」之後，我會變得像是個隱士。如果只是短期衝刺還無妨，但我不想讓這個情況失去控制，因為這樣一來，重要的朋友會從我的生命中消失。有點像是那些明星夫妻總是以分手收場，因為他們拍攝片場間的距離實在太遙遠了，連真愛（還有私人飛機）都無法克服。

所以，我一直運用的**策略**是做一個動態清單（還是這個老方法，很驚訝吧！）清單裡有從我開始寫這本《管他去死是人生最大的自由2》以後，就一直沒成功約出來過的朋友們，就寫在我的清單裡「要見的人」那一項，排在「我們說不定該擺脫的東西」下面，「新的旅遊盥洗組」上面。

並不是因為如果不這樣，我就記不住我朋友的名字，這是一個視覺的提醒，告訴自己我不只是想要見到他們，而是一旦離開死線模式，就需要空出時間來做這件事（也就是**專注**）。然後我會**投入**精力發個短訊，像是「嘿，我一直有想到你喔，等我忙完手邊的事情，我們約出去喝一杯吧。」

誰不喜歡收到一則溫暖的訊息，知道有人想念著自己呢？只要短短一行，就能夠重設那個「也許這個人並不珍惜我的友情」的倒數計時器。

只要一行。只要非常小的專注跟投入，就能發出一則短訊。

你的友誼值不值得你這麼做呢？

用「嗨」實現低維護需求

如果是面對家人，事情可能會再更複雜一點。就那麼一點點。

也許手足或父母中有個人，讓你不覺得（或不想覺得）親近；但不管是什麼原因，你的確想要維持這段關係。你們無法一起生活，但少了他們你也無法生活，我完全理解這種糾結心情。我假設你每天都進行某些維護工作，像是刷牙、服用過敏藥物或是刮腿毛。這些任務不需要花太久，而且能幫你保持口氣清新、不會哈啾哈啾，而且光滑無瑕。

在這種情況下，你可以把你跟那位家庭成員的關係，想成你跟腿毛的關係。你不想讓情況發展得太容易打結，所以每隔幾天你就會拿出除毛刀處理它十分鐘（就像一封簡短的電子郵件或一通快快結束的電話），或是每個月拜訪一次蜜蠟除毛沙龍，讓美容師花個半小時把腿毛從毛囊裡拔出來（就像一次視訊通話）。

真希望你在這！

想維護關係但又不想靠太近嗎？明信片是個完美工具。你在度假，這代表你身在最適合處理家人的處境（也就是離他們超遠），也沒什麼其他屎事要做。鬼畫符幾句話來填滿最多10平方公分的空白，實在是表達你心裡有他們最簡單的方法，而且花不了多少錢。這不只能搞定你的屎事，還讓你有錢可以買紀念品呢。

接下來，還有一些你就是沒那麼熟的親戚，例如遠房表親或是誰誰誰的小孩。你可能根本不想大老遠跑去郊外出席一場婚禮（雖然你聽說那裡很漂亮），或是坐著看完一場國中生的戲劇成果展，但你還是覺得必須表達關心。

這就是制定策略、專注和投入的時候了。

想要為堂妹黛比的新婚誌喜嗎？定一個預算，花十分鐘仔細看看她的線上結婚禮物清單，然後讓你的信用卡替你說話。如果她沒有開出結婚禮物清單（或你沒有電腦），禮到人不到的禮金就是最好的禮物了。

想讓你的姪子有個美好的一天嗎？傳個「祝演出順利」的訊息，他會知道你有想到他。比起強裝鎮定看一群音痴十二歲小孩表演，傳LINE或臉書私訊能省下更多時間。

關係接力賽

我在《管他去死是人生最大的自由》裡並未提到如何經營浪漫關係，後來我常收到讀者來訊，詢問我如何不再因先生做的蠢事發瘋，每封訊息都讓我愈來愈難忍受這個疏失。也許我需要再寫一本《管他去死是人生最大的自由3：給新婚夫婦及罪孽深重的婚前同居伴侶們》，但你現在就得搞定人生屎事，想辦法讓你的關係運作良好，如果你有想要維持或改善的話。

你知道鼠來寶裡的花栗鼠們有女朋友嗎？她們叫做「鼠美眉」（The Chipettes），這個符合異性戀霸權的設定也許令人沮喪，但對於延伸我們的譬喻很有用。

就像所有的浪漫關係，艾文和貝妮、賽門和珍妮還有喜多和依妮之間的關係有起有落。雖然稱不上多激烈，畢竟牠們是卡通花栗鼠，但牠們的確時而超級甜蜜，時而充滿密謀策劃，要在環繞世界的熱氣球競賽中狠狠打敗彼此。

召喚你內心的好勝心顯然會對很多事情有幫助，像是熱氣球競賽，但其實它也能幫你改善愛情生活。真的，這可是我的親身經歷（這並不是說我會跟先生在某個運動項目中競爭；假設我們成為一對沙灘排球雙打組合，在我驚人的不協調性讓我們輸掉比賽之後，應該還得花上很多時間去修補我們的婚姻還有我扭傷的腳踝。）

但我找到另外一個方法，可以在關係中創造好玩並且獎賞豐厚的競爭。那就是你們要比賽，看誰能**盡其所能地當最好的伴侶，而且這個競爭是有來有往、永不停止的**，就像一場關係接力賽。誰能在某一天更貼心、更樂於幫助對方、表達出更多愛？誰能想到完美的禮物或是時機完美的驚喜？在這樣的競爭中，每個人都是勝利者。而且這可不是鳥鳥的安慰獎，跟幼稚園老師發給沒有連續兩天大在褲子上的小朋友的好寶寶貼紙，完全不是同個等級。

你會發現日子有好有壞，你不會總是最好版本的自己，他當然也不是；但這個持續不斷、爭著為對方做暖心之舉的競爭關係，會讓我們在艱困的時刻有更多優勢克服困難。畢竟，對著一個自動自發一週幫你按摩兩次腳的人，真的超難一直生氣。

（順帶一提，即使只有你一個人參加這個競賽，這個概念也會對你的關係有奇蹟般的幫助。只是可能沒人幫你按腳而已，哭哭。）

不管你是在談純純的戀愛，還是已經在過退休人生，為關係注入一些健康的競爭都挺健康的。這個舉動還會**滲透到你人生的其他面向**。突然之間，拿垃圾出去倒會變成一種貼心舉動，而不只是煩人瑣事，你不覺得用這個角度看事情會更美好嗎？太太在你便當袋裡塞的小紙條，會讓你在工作超不爽的時候還能夠笑得出來（當然，你老闆的確應該像便當盒裡的水煮蛋一樣滾得遠遠的。）

如果你的目標是要得到幸福和諧，只要隨時把你的鑰匙、手機和錢包放在看得到的地方就好了。

制定策略：想一些取悅另一半的方法，如果你覺得自己口袋麥克麥克，也可以用一些更奢華的方法，但大部分的舉動可以是（而且應該要是）簡單的東西，例如確保冰箱有應急的家庭號哈根達斯，或是隨時備好一瓶酒。把所有方法列成一張清單，需要靈感時就看一下。

專注：每天展現一點小溫馨，會比一個「抱歉，我這陣子都忽略了你的感受」的貴重禮物還好（貴重禮物當然也可以啦，請參閱前一段「一些更奢華的方法」。）

投入：把愛說出來，把愛表現出來，如果你懷疑自己做得不夠，大量放送愛的抱抱。

關係需要時間跟精力來開滿小花，這可不是你在裝菜心的罐子裡加點水，就可以輕鬆養大的豐年蝦。如果你們把精力和時間拿來為對方做貼心的事，就可以少浪費一點時間進行無聊的爭論，或比誰生悶氣生得久，贏了也沒有獎盃可拿。

制定策略、專注、投入（退出）

如同我之前說過的，「管他去死」這個態度，能有效讓別人離開你的生活。所以，透過慢慢減少互動，讓關係沒有營養來源而枯萎，這樣的被動解除絕對可行，你不需要把場面弄到很難堪或登報斷絕關係。

主動解除一段關係又是另外一回事了。雖然你還是不需要使出說難聽話這種不入流的招數，但你應該使出，應該熱情擁抱的手段，就是**搞定你的屎事，好讓你能夠從有毒的或你不想要的關係中脫身**。

不管是浪漫關係、精神伴侶關係或是家庭關係，一段關係走調，有一百萬零七種可能的原因。距離、背叛或在時間考驗下顯出的不適合，或是想要對方給不起或不想給的東西，或是你們兩個裡面有一個人支持另一個人痛恨的政黨。這種事就是會發生。

如果這發生在**你**身上，我很遺憾。但事情總會變好的。

如果這個關係的對象，是你本來覺得會一起過一輩子（或至少一起度過每個聖誕節）的人，要設定目標來解除關係可能很難，要達成目標可能更難。但還是**有方法可以**

降低艱難程度，而且又能讓你好過一點。怎麼說呢，這就像去打疫苗一定會有副作用，但如果你先備妥幾顆止痛藥，打完就馬上請假回家休息，事情就會好一點。你只要先想好，或是，嗯嗯嗯，那個動詞是什麼呢？

制定策略！

從這段關係脫身後大概是什麼情況？在第一次棘手的談話之後，你們之間需要做哪些安排，你才能再也不用跟這個人打交道呢？或是你們要做哪些安排，才能共同養育你們的孩子或寵物呢？你需要打包所有東西然後搬走嗎？還是這只是省了你去某些地方的義務，逢年過節時再也不用回他老家？

不管是歷史悠久或寥寥數年的關係，我並不是要把解除關係當作是瑣碎的煩心小事。這樣想不只對你不公平，對你要拒絕往來的政治狂熱叔叔也不公平。但我要召喚我內心的郝思嘉來鄭重宣布，**不管情況多複雜，它永遠可以被分解成小小的、容易控制的小塊**。

接下來，給自己設定一個時程表，專注在每個眼前的小塊上，然後——投入。

又或者是——退出，這可能才是你想要的。

沒人會把寶貝塞進符合社會期待的角落

噢，還有一個新潮的想法：如果我不想投入到任何（感情）關係裡呢？那也很好！你完全可以獨自痛快過日子，別管你的家人、朋友或社會大眾想把哪種「應該」套到你頭上。單身很好，到處約會也很好，你甚至可以一下前者一下後者。既然我都講到這個了，我就順便列個清單，把其他不用因為別人覺得應該你就得去做的事情寫一寫：

當個異性戀

符合性別期待

結婚

在結婚禮物清單裡選擇送繡有新人名字縮寫的毛巾

生兩個半小孩

擁有一棟房子

取消你的 Hotmail 帳號

你應該採取以上建議，每一條建議，沒有例外。

工作與財務

你知道的，在過去這幾年，我對於搞定人生屎事的努力，有一大部分是拿來辭掉工作，好讓我可以當自己的老闆。但你在現在的工作崗位上有可能快樂得像小鳥，而且對工作環境心滿意足，所以你的目標其實是加薪或升遷，而不是放棄這份工作來換取一袋椰子，還有自認是你的寵物的蜘蛛。那樣很棒，我完全支持你。這個章節的主題不只是維護你的職場生涯，而是改善你的職場生涯，內容包括如何過關斬將往上爬，還有如何享受你辛苦得來的假期。這班車的第一站是：授權站！我還要告訴你如何利用複利讓自己更富有，這能讓你現在辛辛苦苦賺來的錢產生更多長遠的財富，就算不是變得超有錢，也至少能讓你不用在八十幾歲時得辛苦工作養活自己，大家應該都養達成這個目標吧。

涵蓋技能

不管你的工作是什麼，是傳統的職涯發展路線，或是很新潮的罕見職業，如果你想成為頂尖，都得想辦法讓人印象深刻才行。而有什麼比搞定你的人生屎事，更讓人印象深刻呢？不要再寫什麼「基礎繪圖軟體操作和法語會話能力」了，我覺得大家應該要把「搞定人生屎事」列在履歷裡，如果是我一定錄取你！

在第二部分，我們講了許多與工作相關的自我管理技巧（時間、待辦清單還有復仇幻想）。當然，早早出現在公司跟準時交出東西，不管在什麼情況下都很好用。但如果你想獲得加薪或升遷、贏得大客戶或奪得創業大賽金牌還是其他什麼鬼，那你可是來對地方了。剛提到的這些事情裡面，我的確在其中一些方面（雖然不是全部）有相關經驗。

當個裝（專）家

要取得老闆或客戶的信任和尊重，並且拔得頭籌，讓自己看起來很有自信是一個好方法，即使你內心早就嚇得屁滾尿流也無妨。本書後面的內容中，還會深度討論如何克服焦慮和其他自我阻礙的心態，那些都會影響你的自信，但在這裡我們先討論**看起來的表象**。

你的內心可能是金凱瑞，**但你得看起來是金牌特務才行**。

我知道對於某些人來說，這可能不是天生內建的技能。當你總覺得天要塌下來了，就很難感到（或看起來）自信滿滿。我希望前面端出來的建議有用，能夠讓那種感覺減輕，足夠讓你試著表現出冷靜、很酷、有條有理的樣子。我聽說這季很流行這種打扮。

有些人其實在自信方面表現挺佳，在他們努力搞定人生屎事、讓自己表裡如一的同時，其實還有很多精力可以花在篤定自信上。這種類型的朋友，你和自己想要的副總頭銜之間的距離，也許沒你想像的那麼遠喔。

還有些人可能是真心自信，也可能不是。不管是哪種情況，他們的運轉功能通常高到足以取得客戶和上司的信任，但有時候也會被過度使用。如果你是獅子會或扶輪社成員，又想在事業上取得進展，你更需要知道如何制定策略來好好利用自己的時間跟精力，以免你被大量任務纏身，而無法取得高品質的成果。

不管你是哪種人，都可以透過精通下列關鍵用語，**投射出自信的形象**，像是：

沒問題。

我幫你。

我來搞定。

最後，你就能夠在自信學校用下面這句話光榮畢業：

「化不可能為可能」，就是我闖蕩江湖的名號。

你也可以進行一些無傷大雅的**自信cosplay**。觀察你的同事裡，誰看起來像是能搞定一切屌事的人呢？你為什麼會這樣認為？是他們陽光外向的舉止、堅定不移的雙手，抑或是在他們乾淨的襯衫上，沒有沾得到處都是的醬料痕跡呢？你為什麼沒辦法看起來跟他們一樣？我只是想說，每年萬聖節都有超多人願意投資時間跟金錢，把自己打扮成某個電影角色，我相信同等的心力可以投資在更有實際好處的事情上。

會吵的孩子有糖吃

很多大師、人生導師還有意見一堆的人會告訴你，你要「主動要求你想要的東西」。這當然很對，但我覺得你也應該**問問自己需要做什麼，才能得到想要的東西**。我的意思是，真的去問你的老闆或客戶「我需要做什麼，才能讓你把我想要的東西給我？」

省省那些拐彎抹角吧！

我見過太多人在職涯中漸漸消磨，不停等著上頭的人給他暗示，告訴他要怎樣才能拿下那間轉角的辦公室。我也看過太多上層完全沒注意到下屬的需求和想望，等到他們不得不注意，通常就是下屬遞出辭呈的時候。

獲得加薪和升遷，其實就跟追求其他目標一樣，只有一件對我們來說簡直**賺到**的事不同，就是你可以詢問你的客戶或老闆，**要他們給你一個清楚的策略**（舉例來說，「一年簽下五十筆新生意」，或是「帶一個部下，讓我知道你可以成為好的經理人」。）然後你就能直接進到專注和投入的部分了。叮咚！就說你是當副總的料嘛！

這招還有一個不言自明的好處，那就是如果沒有任何升職或加薪的空間，這個方法會把前面的死路凸顯出來。如果你問了，你的老闆卻支支吾吾或閃爍其詞，嗯，那你就知道了。有的時候，人們被消磨並不是因為沒有能力往前衝，而是因為前面真的沒有路，但他們就是沒看出來。為什麼呢？**因為他們沒問啊。**

如果你的老闆告訴你什麼也不用做，或是什麼也不告訴你，別難過。往好處想，你還是前進了一大步——只不過是朝著找到有發展空間的新工作前進。

另外五種讓你老闆知道你什麼屎事都搞得定的方法

遵照指示行事
為自己犯下的錯誤負責
積極主動
在桌上展示這本書
別當一個討人厭的王八蛋

當你搞得定你的屎事（而且也把這項寫在履歷表裡了），找到一份新工作應該不是難事。

想看看我辦公室以外的生活嗎？你也讓我看看

一旦你千辛萬苦得到自己想要的職位，也拚死拚活工作證明自己值得，接著你就可以享受一個應得的假期了。我們在第二部分跳過了這個主題，這裡就要來細說。想好好放個假的話，你得確保自己出得了門，通常這代表你得把一整個星期的工作塞到出門前五天完成。

在這個情況下，**對照一下想像與現實**，並做出相對應的行動。

想像你拋下工作，還有拋下工作後可能發生和意料之外的各種情況，足以讓大多數人瞬間驚慌失措。我以前去休假前都會慌亂到不行，不只因為要把一個禮拜份的工作提前弄完，也因為想到我不在的時候，其他人可能會需要我做什麼而慌亂。所以，我總是把準備工作做得很過頭。然後我在休假的時候還是會不停查看我的收件匣，如果要搞成這樣，那一開始在那邊擔心有可能會或可能不會發生的事情，真是一點意義也沒有。

這整齣又臭又長的歹戲，簡直就是**教你焦慮和低效的大師課程**。

讓我們回到現實，在地中海的豪華郵輪度過七天後，你終於回到辦公室。你加班了兩個小時，奮力點擊數百封電子郵件（順帶一提，其中有七十五封都是可以立刻刪除或歸檔的），然後回家擦擦你在免稅店買的希臘茴香酒瓶子。回辦公室的第一天糟透了，但你心情輕鬆，膚色健康，也可能酒還沒醒，沒什麼挺不過去的。

我一直要到出社會的整整十四年後，才能在離開辦公室超過一個周末時，完全不收工作信件（在大家都有黑莓機之前，我還在度蜜月的時候從飯店的「商務中心」收信，記得那東西嗎？）很巧的是，我第一個不受電子郵件打擾的假期，就是我第一次造訪多明尼加的旅行，而現在多明尼加已經成為我的家了。這樣看來，讓腦子不受工作干擾真的能夠幫你騰出空間，好讓「活出夢想」的目標萌芽。那次旅程之後，我利用在甘迺迪機場等計程車回家的空檔，就能把我累積三百封的電子郵件處理得八九不離十了。

我的重點是：**過度為休假做準備，會讓工作偷偷侵占你的假期**。而你需要防微杜漸，才能好好享受不用工作的時光，這個假期可是花了你勤勤懇懇存下來的錢。再說，休假時還在收信的人，有87%機率會把手機掉到水裡。* 你看看，待辦清單上又多了件麻煩事得處理了。

像艾莎一樣 Let It Go 吧

如果你跟我（應該是說從前的我）一樣，在休假前一個禮拜會做好準備，把自己的工作全部做完，再加上自己不在那週的工作；接著你繼續焦頭爛額，試圖把那些根本沒人發現該做的事也先做一點起來，只因為害怕在你回來前這些事情有個萬一。最後那個部分，已經把「認真負責」提升到一個完全不同的層次，一個讓人胃潰瘍的層次。

來，聽聽現在的我怎麼說：**你的工作是要搞定自己的屎事，不是煩惱別人的屎事。**

對你無法控制的事情放手，是整頓內心過程中很重要的部分。會不會有個人剛好在你休假時想到要進行他某個部分的工作，而且那個部分沒有你就做不成，類似這種事你是絕對沒辦法控制的。

自己跑去逍遙，大嗑仙人球膏製的天然迷幻藥，或是在假日農場跟大顆仙人掌一起野營，然後把熱騰騰沒解決的屎事撂在一旁，這樣可以嗎？當然不可以。不過你也不用先把一大堆事情做起來，因為那些事可能根本不用做。請把你完成所有事情的衝動打包裝箱，然後把箱子丟到街上，上面貼個字條寫「**屎事免錢**」，會有人把它領走的。如果真的有必要，辦公室一定會有人挺身而出，開始處理第四季相關數據。

更可能的情況是，他們會等你回來處理。這時你就只需要在度假回來以後**專心解決現實**，而不是在還沒出發前，就在你的必辦清單上加入**想像出來的重擔**。

授權有好報

如果「管他去死」代表停止在乎／進行某些事，「搞定人生屎事」就是**讓你需要做**

＊ 數據是我掰的，但聽起來是不是很有那麼一回事呢？

的事情更簡單，帶來更少壓力。

讓我們歡迎授權登場。

想想看，比起下定決心不去擔心自己無法掌控的事情，**讓別人去擔心**聽起來不是更棒嗎？會授權的人們，跟煩惱說再會吧。

授權有很多形式：

- **如果你有助理**，你可以把任務交代給他，拜託，他的工作就是要協助你啊。太容易了。
- **你也可以向同事求助**，記得要說你以後也會回報他們。一點小小的利益交換，可以讓你們走得更長久。

• **你也可以接受別人的好意。**如果你被壓得喘不過氣（不管是休假前的緊張時刻，或是該死的平常日），然後有人發現了（不管是你的助理、朋友或是快遞先生），而且還好意說要幫忙，看在老天的份上你就接受吧，記得說聲謝謝。

• **最後，請不要自顧自地演起《孤雛淚》的主角，**一直說「好心的先生啊，再給點吧」，這樣你不累嗎？如果你參加的會議裡，額外工作就像牙醫診所大放送的無糖棒棒糖，我誠懇建議你不要舉手。我最後一次傻傻地自願接下額外工作，是之前在大公司工作的時候。那次的慘痛教訓我一直銘記在心，因為後來那成了我職涯中最大的汙點，也是最浪費時間的事。**無糖棒棒糖一點也不值得你這麼做。**

老實說我真的不懂，為什麼很多人覺得自願接下更多工作是種美德？**不要再給自己找事做了！**把這些活留給其他沒讀過我書的人去做吧。

* 順帶一提，如果對你來說，整理家裡這件事包括收拾玩具，你可以把這個任務交給你的孩子助理，讓他們收拾自己的東西，這樣你可以省下二十分鐘又少做五次起立蹲下，不只完成了授權，還深具教育意義呢。

這就是很好的「授權」實踐。

但成果如果沒有達到我的標準呢？

我們在第四部分會談到完美主義的，我向你保證。授權這件事，也包含不要去煩惱事情是怎麼完成的，它就是完成了嘛，而且不用你做就完成了。我們要讓人生更簡單，不是嗎？最糟糕的情況，就是你授權的對象把事情搞砸了，你們之中有個人或兩個人得一起收拾殘局，然後繼續過日子。

當然，如果你的工作是在跨國企業經營上百萬的交易，你可能不該把帳號跟密碼給工友德瑞克，然後叫他「一天隨便按幾次確認鍵就好」。如果你真的這樣搞，你因為詐欺坐牢的那四年裡，就會有很多時間練習如何授權了。畢竟在監獄裡，讓別人乖乖聽你說話辦事，基本上就是獄友日常。

放心，死不了人的

要守護你的下班時間（或你所有的時間），你必須得**設定界線並且嚴格遵守**。一旦你完成準備工作、授權給別人，逃離辦公桌來到度假小屋，你就得把腦子裡討厭的工作煩惱都清空，好好享受休假時光。只有一個方法可以達到這個目的：**完全斷開跟工作的魂結**。你不只要抵擋收信或發信關心進度的誘惑，你的自動回覆信也得防得滴水不漏才行。

像下面這種訊息就不是斷開魂結：

我目前正在用掉珍貴的六天年假，但我會定時收信。如有緊急事項，請不吝撥打給吉姆，他會追殺正在激流泛舟的我，這樣您獲得回覆的等候時間就會縮短兩天，感謝。

下面這個才是：

我目前正在休假中，回到辦公室後會迅速回覆給您，尚祈見諒。

除非你是個外科醫生，不然你消失個六天也不會出人命的。而且，如果你是個外科醫生，我猜你應該不會把假期安排在病人要動肺臟移植手術的時候。所以，完全失聯去好好放個假吧，這是你應得的！

退休帳戶裡的天使數字*

剛講了這麼久的度假，有沒有讓你想到那個永恆的假期呢？（退休，我是說退休，不是在說上天堂。）今天你走運了，因為我有好多跟退休有關的好料可以分享呢！

好吧，其實我沒有。說句大實話，關於退休規劃這件事，已經沒有什麼新話題可以講了。對我來說，有那麼多人搞不定關於退休的屎事，真心讓我驚嚇。畢竟關於這件事，你一定找得到非常多超級優秀的建議，那些人到底怎麼搞的？

前面提過每天或每週存點小錢來達到更大的目標了，這件事有多容易，我也已經講得很清楚（而且講了好幾遍）。假設你可以存下一些多餘資金，讓你退縮不前的應該不是錢本身。

我猜，**問題是出在時間長度**。

諷刺的是，雖然退休可能是你諸多儲蓄目標中最重要的一個，但它也是一個巨大且模糊的目標。當你年紀尚輕的時候，它感覺起來不太重要；**但當你老到什麼事也做不了的時候，它就重要到會逼死人了**。卡通花栗鼠有不用操心的完美藉口，因為牠們五十五年來都沒變老過；但人類就需要搞定人生屎事，開始為這件事做準備，而且沒有任何藉口。

如果你現在和退休之間的距離太過遙遠，導致你感受不到為老後存錢的急迫性，

＊編注：此章節相關數據以美國401(k)退休帳戶與IRA退休帳戶為基礎，僅供參考。

請參考後面的圖表，大致了解一下時間和金錢的具體關係。**複利本質上就是不勞而獲的錢**，它會用你最初的投資掙到利息，然後**再加上**本利累計的利息，這個相乘會一次又一次，直到你把那筆錢從市場裡提出來為止。這真是數學運算奇蹟般的壯舉啊。

但就像我先前說過的，這不是什麼「新」資訊，但也許我充滿熱忱的介紹能引起你的共鳴。接下來我會算出來**你投資的金額**、**你六十五歲時會得到的金額還有你的投資報酬**，也就是不費吹灰之力從你帳戶裡面憑空出現的錢。

換個想法，如果你不從現在開始為退休做規劃，現在的你就像是在從年邁疲倦的你身上騙錢一樣。*

廢話不多說，讓我們直接看數字：

---

* 我使用了線上計算器，它把投資報酬率設在7%，稅率則是25%，它的網址在這裡：www.bankrate.com/calculators/retirement/traditional-ira-plan-calculator.aspx

退休投資儲蓄報酬表 #1

存下 $1 美元／日

	投入金額（從現在的年紀開始）	最後得到金額（65 歲）	報酬（不勞而獲的錢）
55	$3,650	$5,398	$1,748
50	$5,475	$9,817	$4,342
45	$7,300	$16,015	$8,175
40	$9,129	$24,707	$15,582
35	$10,990	$36,899	$25,949
30	$12,775	$53,999	$41,224
25	$19,600	$77,982	$63,382

（單位：美元）

如果一天存下1美元（一張彩券的錢）投資的話：

五十五歲開始存的話，從口袋掏出的金額總數是3千650美元，最後會得到約5千400美元，**投資報酬約1千750美元**。還不錯，但早點開始會更好。

四十歲開始存的話，拿來投資的金額總數是9千125美元，到六十五歲時帳戶裡會有約2.47萬美元，**投資報酬約1.55萬美元**。我不知道你覺得如何，但我現在三十八歲，我覺得什麼也不用做就多出1.5萬美元聽起來挺誘人的。

二十五歲開始存的話，拿來投資的金額總數是1.96萬美元，六十五歲時帳戶裡就有近7.8萬美元，只要及時投資退休金，**報酬可以高達約6.3萬美元**，這樣可是人生勝利組啊。**那可是6.3萬美元耶**。現在我們來看看，如果你每天像第149頁講的一樣存下3.57（約108臺幣）美元，會發生什麼事：*

* 我用的計算機只能輸入整數，所以你每年投入的錢其實會多五毛（是$1,303.05，而不是我輸入的$1303.00），也就是說你實際得到的金額會比圖表裡寫得**還更多**。

退休投資儲蓄報酬表 #2

存下 $3.57 美元／日

	投入金額（從現在的年紀開始）	最後得到金額（65 歲）	報酬（不勞而獲的錢）
55	$13,030	$19,271	$6,241
50	$19,545	$35,046	$15,501
45	$26,060	$51,172	$25,112
40	$32,575	$88,204	$55,629
35	$39,090	$131,729	$92,639
30	$45,605	$192,774	$147,169
25	$52,120	$278,393	$226,273

（單位：美元）

如果一天存下3.57美元（折疊一口酒杯鑰匙圈的價錢）投資的話：

從五十五歲開始存的話，從口袋掏出的金額總數約為1.3萬美元，最後變成約1.9萬美元，**報酬約為6千200美元**，這能讓你多吃好幾頓早鳥特惠的晚餐啊。

從四十歲開始存的話，拿來投資的金額總數約為3.25萬美元，六十五歲前帳戶裡會有約8.8萬美元，**報酬約為5.5萬美元**，怎麼樣，現在覺得有意思了吧。

從二十五歲開始存的話，拿來投資的金額總數約為5.21萬美元，六十五歲前帳戶裡會有約27.8萬美元，**報酬約為22.6萬美元**，發現重點了嗎？

最後，如果你存更多錢的話，又會怎麼樣呢？

退休投資儲蓄報酬表 #3

存下 $5 美元／日

	投入金額 （從現在的年紀開始）	最後得到金額 (65 歲）	報酬 （不勞而獲的錢）
55	$18,250	$26,990	$8,740
50	$27,375	$49,084	$21,709
45	$36,500	$80,073	$43,573
40	$45,625	$123,537	$77,912
35	$54,750	$184,496	$129,746
30	$63,875	$269,995	$206,120
25	$73,000	$389,912	$316,912

（單位：美元）

如果一天存下5美元（弄成整數總是比較好算）投資的話：

從五十五歲開始存的話，從口袋掏出的金額總數約為1.82萬美元，最後變成近2.7萬美元，**報酬是8千740美元**。

從四十歲開始存的話，拿來投資的金額總數約為4.56萬美元，六十五歲前帳戶裡會有約12.35萬美元，**報酬將近7.8萬美元**。順帶一提，這筆天上掉下來的錢，可是比從二十五歲開始花四十年一天存1美元的人還要多。

從二十五歲開始存的話，拿來投資的金額總數是7.3萬美元，六十五歲前帳戶裡會有將近39萬美元，也就是說實際存下來的錢，幾乎就跟每天存1美元的人最後拿到的總數相同，但**報酬則是驚人的近31.7萬美元**，那可是貨真價實的一大筆錢。

我覺得我已經把重點說得很清楚了。去開個退休投資帳戶吧，我在這裡等你。

健康、居家環境與生活型態

很好，先不要為了退休金這麼激動。我們還要讓你在抵達退休生活時整櫬好好，而且大部分的器官都功能正常。這個章節會講到多種飲食和運動小秘方，你可能會決定忽視它們，但不管有沒有用，我還是會遵照自己的建議，啟動我早該開始的健身養生之道。其他可能被你忽視的東西還有水槽裡的髒碗盤、浴室的水垢，還有地板上被你無視的充滿時代感的灰塵。如果你願意花時間跟精力打掃家裡，我會先解釋一下如何維持整潔，我覺得先精通維持的招式，再嘗試大規模的居家環境改善計劃會比較好，而且我也會聊聊大規模改善計劃喔（裝修地下室就像是裝修你的生活！）最後，我會分享如何自私又不淪為王八蛋，這對你通往人生勝利組的旅程會很有用的。

跟我一起動滋動

過去幾十年來，我看著同胞們在第二型糖尿病和跑步機之間選擇了前者，所以我覺得大部分人的想法跟我一樣：我知道自己的身材／體力不怎樣，但我不在乎。不過我的調查結果顯示：許多人覺得「身體健康」是需要幫助才能搞定的領域，它的排名很前面，這讓我超級驚訝，真是活到老學到老！

那我自己呢？我在青少年還有三十歲前的確是狠狠努力了一把，不只跟著健身錄影帶蹦跳，還會在每週日跑個十公里，我可是恨透做運動的每分每秒。我那時這麼努力，是因為覺得我必須得當個瘦子，才有辦法覺得自己很棒。但我人生的優先順序隨著時間改變了，就像你已經能夠跟亂七八糟的房間和平共處，我現在也已經能接受身上的一點多餘脂肪，只要不用再花費任何寶貴時間對著電視揮汗如雨就好。

然而，我最近決定要改善自己的柔軟度。因為我開始感覺身體有點僵硬、關節有點老化，這可能是因為我整天都在筆電前拱著背打字，也可能就是因為我「快四十歲」了。總之，在這樣的情況惡化成永久的毛病之前，我決定要投資力氣改善它。

嗯哼，看來我給自己設定了一個目標呢。現在，就要制定策略了……

首先，我要搜尋「伸展」這個關鍵字來找尋靈感，看有什麼事是我自己做得到，又能把我的脖子和背從早發性殭屍症的魔爪中拯救出來的。

接下來，我要騰出時間給我新的「必辦」事項。因為我每天早上會給自己一個小時喝咖啡跟看社群網站，我想我可以從這個低重要性活動裡，抽出短短的十五分鐘來進行伸展（注意：從時間的角度來看，我並沒有增加每天要做的事，而是**少花時間在不重要的任務上**，好把這件事塞進去。）

等我明早醒來進行伸展之後，再跟你說說成效如何囉。

動起來，或找個替代方案

當然，伸展看起來是蠻簡單的（雖然我還沒真的試過），其他類型的運動可能會更花體力，需要更長時間的專注，還有可能引發疝氣的用力投入。我前面說過了，牽涉臭汗的活動我沒興趣，但也許你不排斥。

所以，你需要自問：**得到傲人的體魄對你來說有多重要**？當然，有幾百人在不具名調查裡面勾了一些選項，但他們勾那些選項的原因，正是因為他們什麼都還沒做。那為什麼他們還沒做呢？可能是因為他們還沒有足夠的動力。

這時候，**負向思考的力量**能讓你大步向前，從在線上問卷打打嘴砲，到真的去上一堂自由搏擊課。

你是否覺得身上鬆垮的肥肉看起來有點討厭呢？如果你的答案是不，那你就繼續像個太后一樣躺在你的貴妃椅上吧；但如果你的答案是沒錯，那就是該搞定屎事的時刻了，你一定知道要從哪裡開始。各位女士先生，我們來設定目標！

- **如果你確實喜歡運動**，這個目標應該不太難達到才對。你只需要把運動的優先順序往前挪，直到它比另外一個每週佔據你兩到三小時的事情還重要，這樣你就能把那些時間拿去上健身房了，穿著運動褲看腹肌滾輪廣告可不是真的運動。

- **如果你沒那麼喜歡運動**，那你得好好想想，你是比較討厭深蹲後踢，還是你大腿的馬鞍肉呢？這個負向思考有讓你心中燃起動力嗎？非常好，趁著動力還在快去運動吧！我大概是世界上最沒資格說一天跑八公里，或是充滿活力地撐完一堂力量瑜珈很簡單的人；但我絕對會第一個告訴你：比起沉浸在自我厭惡和抑鬱之中，全心投入一個運動計劃絕對會讓你的人生好過很多。
- **如果你對運動的恨意，居然比《叔比狗》裡的反派恨那些多事者和蠢狗的程度還深**，但你又無法對自己的外表或體力感覺良好，那也許你需要在不同的領域搞定屎事，才能在改善健康的同時又不犧牲人生樂趣。

說到別做自己不想做的事，我可是大力支持（事實上，我還寫了一整本書專講這件事呢）；但要能夠支持，就代表我也是**找到替代方案**的忠實信徒。也許你可以改成注意自己吃下肚的東西，來取代催高計步器的步數，或是一邊做有趣的事一邊運動——嗯嗯，你也許可以先翻翻《管他去死是人生最大的自由》這本書，分辨一下哪些是你不想做的事？

我說來給你參考參考，你就聽聽囉。

搞定你的睡眠

花栗鼠們，如果你沒從這本書裡學到任何東西，請至少記住這點：如果沒有適當的睡眠，你的人生就毫無意義。好啦，可能不是毫無意義，但至少品質會大大地下降，真的，降到谷底，降到吐魯番窪地，降到馬里亞納海溝，降到十八層地獄這麼低。

這很嚴肅。你需要睡眠，而且是規律的睡眠，你保護睡眠得像母獅子保護她的小獅子那麼猛才行。如果有那麼一天，我是說任何一天，你必須在睡眠和完成必辦清單上最後一件事之中做出選擇，我特別在這裡指示你要馬上鑽進被窩，彷彿沒睡一覺就活不下去一樣。因為沒了睡眠，你的確就活不下去。

選那個歐式麵包，放下那個鮮奶油蛋糕

還有另一個關乎身體健康的面向，那就是飲食。我對於這個部分有著十分複雜的情感，在第四部分會講到。不過，**良好飲食的概念本身並不複雜**，就我來看，它大概是長這樣：

吃你需要吃的東西，好讓你的身體能夠依需要的方式發揮功能。如果你想要你的心臟跟肝臟維持正常運作，什麼都不要過量，同時記得：如果想享受生活，所有的東西都要適可而止。

你覺得這不是你想要的？哈囉？你可不是來找我拿低卡奶昔配方的，你是來搞定人生屎事的。我只是誠實分享我的看法而已，搞定人生屎事就是要讓自己開開心心、心滿意足，而且毫無火氣。如果你跟一隻簽了模特兒經紀約的兔子一樣，一整天只能啃著三堆苜蓿芽，你還有辦法開開心心毫無火氣嗎？

也許你有辦法，但節食總是讓我不適，所以我在這邊唯一能幫你的，就是掏出我的鑰匙、手機跟錢包，然後祭出我整頓人生屎事的理論來對付這坨屎事。

制定策略：如果你想靠少吃一點來減重，就算清楚每天你得少吃多少。**小小的、容易達成的小塊食物**，要達到這件事，計算卡路里是一個直截了當的方法，半罐ＢＢＱ口味品客（四百七十五大卡）應該夠了吧。

專注：要甩掉Ｘ公斤的肉需要多少時間，取決於在不會死於營養不良的情況下，你實際上一天能夠減少多少卡路里攝取。當然也要考慮你攝取的卡路里是來自哪種類型的食物，還有你有沒有運動習慣（還有你的新陳代謝如何，但那不干我的事。）一般來說，一公斤體中需要七千七百大卡來維持，所以如果你能夠在目前的飲食中一天少攝取五百大卡，一個禮拜大概就能少個半公斤。需要甩掉五公斤？給自己十週的時間吧。

投入：不要吃品客。不要在家裡放品客給別人吃。去超市買東西的時候不要經過放品客的貨架。千千萬萬不要跟品客銷售員結婚。你的狗就叫品客？快把你的狗弄走。

健康飲食又是另外一個課題了，在這裡要向廣大的死忠粉絲道歉，我沒有專業資格，無法給你這個領域的建議。我的飲食裡有百分之五十是披薩，百分之二十五是紅酒，百分之十五是「純起司和酒精類飲料」，還有百分之十是「可以放在挖空鳳梨裡喝的東西」。

對我們大多數人來說，減重其實就是數學＋意志力。如果你沒達到那個目標會死（看，這就是負向思考的力量），你就能完成它，你有可能會半途而廢，你也有可能需要重頭來過，但一定**有方法**可以完成這個目標。少吃，多動。

是說，減重可是產值高達一年六百億美元的產業，雖然書名包含髒話的勵志書籍也是個成長中的市場，但知名體重管理公司可是領先我足足五百九十九億又九千九百九十萬呢。

說不定我才是那個該搞定人生屎事的人？

優良純淨無瑕的生活

在我花時間好好思考怎麼把我講髒話的天份，拿來發展出價值數億遍布全球的事業帝國時，你可以好好想想要怎樣才能打掃好你家，並且讓它保持整潔超過三小時。因為有些人確實宣稱你只要打掃一次，然後就能一輩子保持乾淨整齊。但我得老實說：那是放屁。

我們目前處於一個被整理魔法席捲的社會。

把家裡從頭到尾好好來個一次性大掃除，然後就能「畢其功於一役」的幻想的確挺誘人，但一點也不實際。只要你還得走在地毯上，你的房子就不會在一次打掃以後就放過你。幾乎所有我認識的人（包括我自己），都有一個把廚房櫥櫃的東西全部清到地上，含淚告別一組抹刀的感人故事。那很好，真的。但整理帶來的迷幻藥般的爽感會離去，有人會在開啟另一輪保鮮盒整理活動前，決定先把東西亂塞進櫃子裡。那會怎樣呢？

我來告訴你會怎樣。

人們會持續整理活動數個月，或數個禮拜，然後……失去動力。該洗的衣服不再被丟到洗衣籃，書跟各種紙類像是發情的兔子一樣不停繁衍，各種小裝飾品來勢洶洶地絕地大反攻。這些人花了這麼多時間跟精力清空實體空間，到頭來又讓亂七八糟的東西跟打折的禽鳥浴盆把它重新塞滿。

為什麼會這樣呢？

嗯，聽聽看我的答案吧。**如果人們一開始有把屎事搞定，那個整理慾望就不會只是衝動**。一次激烈的實體整理在短期內非常有效，但如果你沒有時間跟動力繼續維護，一切只會轉眼成空。整頓內心才是整理家中**還有**保持整齊的必要條件。

沒錯，如果你先來一次大清理，保持清潔會容易一點（請見：收件匣零點），但你仍然需要持續付出努力，就算不是每天，至少一個禮拜也要來個一兩次。如果你是住在迷你小屋，頻率或許可以更低。事實上，如果想住進迷你小屋，唯一合理的理由就是因為你討厭打掃。迷你小屋真是令人厭惡。沒錯，我就是這麼覺得。現在讓我們繼續說下去。

下面這幾句話，有哪句令你很耳熟嗎？

我不知道怎麼整理然後維持整潔，我需要幫助。

不管我多努力整理，家裡都還是又亂又噁心。我忌妒那些有整理強迫症的人。

我爸媽要來住我家之前，我都得花上好幾晚來讓家裡可以見人。真希望我家不管什麼時候都能見客。

在這本書的讀者裡面，應該有三個人會覺得上面這些話很耳熟，因為這些話是直接從我調查的回覆裡撈出來的。如果你覺得你完全正常、沒有囤積症的日常也差不多是這樣，那你至少知道自己並不孤單，而你其實也不用獨自面對這個問題。如果擁有整齊的居家環境是你的心之所向，做法就跟解決其他任何問題一樣——搞定你的人生屎事。

目標：不只要打掃家裡，還要保持乾淨，以備任何不速之客、臨時起意的晚餐聚會，或是為了保持你本人的理智線完整。

制定策略：用一次大掃除當作開始，這個大掃除不用達到用魔法改變人生的高度，只要能讓你覺得「鄰居突然來坐坐也很OK」的程度就即可（我知道現代社會的鄰居不會「突然來坐坐」，他們會先傳訊息給你，但先別管這個假設的真實性。）接著把你要進行的打掃任務分門別類，像是收拾玩具、摺衣服、倒垃圾或是吸地板，然後對自己承諾每隔幾天就會完成一或兩種，以維護環境整潔。不管你的清潔守備範圍有多龐大，只要你把它切成小小的、容易解決的小塊，你就不會因為太過艱鉅而直接放棄。

專注：撥出時間來完成每個迷你目標，如果單看局部任務，你真的只需要二十分鐘就能化解一小坨屎事。把玩具丟到箱子裡，把鞋子放進鞋櫃、垃圾拿出去丟，把小裝飾品擺正排好（說真的，那些小玩意就丟掉吧。）每隔幾天花個二十分鐘，能夠持續讓你家隨時處在最佳狀態。吸地板花的時間可能會多一點，但每兩週一次、一次一個小時，跟把一個小時的吸塵和十小時的其他清潔工作一次做完，前者容易多了。

投入：如果你已經設好所有迷你目標，也評估好完成它們需要的時間，接下來就是安排它們的優先順序，好列出你的必辦清單。這樣一來，你就沒有不整理的藉口了。你已經排出時間，現在只要好好利用這些時間就好。也就是說，你已經被自己用掃把逼到角落，退無可退了，就好好幹吧！

事實上，你不需要有清潔強迫症，就能好好保持居家環境的整潔。你需要的只是**讓清潔工作對你而言變得更加簡單**，所以我們把這件事切成小小的、容易完成的小塊，把它變成你的例行公事，就像看《夜夜秀》和修剪鼻毛一樣。

結論：想擁有一個常態性整潔的家嗎？那就讓打掃成為常態性活動！覺得自己沒時間打掃嗎？那就把打掃的優先順序排在你沒那麼在乎的事情之前！待辦清單上還是有太多事要做了嗎？那就把待辦清單濃縮成必辦清單。

如果你執行以上所有步驟以後，還是覺得維持家裡整齊是個不可能的任務，嗯……**也許你該承認自己並不是那麼在乎？**我懷疑有些人對自己凌亂的廚房檯面表達強烈不滿，其實只是因為他們覺得自己該想念被麵包屑和放了幾個月的聖誕卡遮住的大理石。

不過，承認整頓實體環境對你來說就是沒那麼重要，也完全沒問題。

這就是「管他去死的人生整理魔法」，而且這個魔法的效果會永遠陪伴著你。

我已經來到伸展計劃的第三天，每天做十五分鐘的伸展運動。我已經覺得脖子的痠痛好了很多，也就是說我沒花半毛錢，就達到了跟一百五十美元的四十五分鐘療程同等的效果。而且我不用出門，也不用穿上褲子。**#人生勝利組**

生活頻道在唬爛你

如果你的確想要擁有舒適的居住空間，而且你重視這件事的程度，讓你**不只想要維護，而且還想改善你的居住空間**，那你一定得搞定屎事，才有辦法在這件事上逆風高飛。不管是多龐大、多長期的計劃，都是能夠被切成小型目標的巨大目標，而住宅裝修正是一個再恰當不過的例子了。首先你得找到動力，然後讓這件事情變成一個需要優先處理的任務。對你來說，裝修那個潮濕醜陋的地下室，必須重要到你願意在必辦清單裡給它一席之地。

但必辦清單通常只跟當天有關，或至少是一個比較短的週期，對吧？（我只是假裝問問，我知道必辦清單是怎麼回事，那可是我發明的。）

然而像這樣的計劃可能會花上好幾個禮拜、好幾個月，甚至是好幾年，取決於你在這上面能奉獻多少時間、精力或金錢。所以這件事就優先順序而言可說是「必辦」（因為你想把孩子們趕去住地下室，好在把他們送去大學、正式擺脫他們之前，讓他們少煩你幾年），但這件事不可能在一天內一步登天。

但你知道一天裡可以做什麼事嗎？

沒錯！一個小小的、容易完成的小塊。

為了遠大的目標搞定屌事，其實就是在一段時間裡，持續搞定很多小目標（小小屌事。）當然，一整個裝修計劃聽起來很可怕，你的地下室可不會像神仙教母揮魔杖一樣，一下就從原本的面貌變成人間樂園。你大概得做八千件事，才能把一間「因陋就簡的水泥牢房」變成「裝備齊全的娛樂室」，但就像我們在59頁講關於怎麼找新工作時說的，你需要的不多，就是制定策略、專注還有投入——鑰匙、手機、錢包。

是的，你得做出決定、付出努力，而且得持續一陣子。但有了一個地下室裝修必辦清單以後，**一次劃掉一件事**，其實是達到目標相對容易的方式，絕對比一次試圖做完所有事情容易多了。就連生活頻道上的承包商和設計師團隊，也要花好幾個禮拜才能裝修好一間房子，你不要信他們說什麼「**我們只有二十四小時可以把這裡改頭換面**」，那只是電視效果而已。啊，我戳破你的幻想泡泡了嗎？不好意思，但事實真相能讓你獲得心靈自由啊。

所以，你的小塊們可能長得像下面這樣，非常小、非常容易完成：

決定要裝修地下室

研究承包商

選一個承包商
跟承包商約見面
選油漆的顏色
選燈具
開始考慮電燈開關的蓋板
發現你根本不在乎電燈開關的蓋板長什麼鬼樣子
讓你的承包商自己決定用哪種電燈開關蓋板
讓承包商好好工作幾個禮拜
同時，研究沙發、咖啡桌和電視櫃
傳封措辭嚴厲的訊息給承包商，譴責進度不如預期
買個可愛的沙發抱枕
拿沙發抱枕砸承包商……諸如此類。

- **如果你需要為了裝修計劃存錢（我猜你需要，誰沒事身邊會有那麼多現金啊？）**
你現已經學過要怎麼存錢了，而且你還可以一邊存錢，一邊研究承包商。

- **如果你不想找承包商**，不管是因為預算有限，還是你就喜歡自己來，你要採取的步驟也差不多，只要把「研究承包商」、「選一個承包商」還有「跟承包商約見面」劃掉，換成「油漆地下室」還有「安裝壁燈」就好。
- **如果你既沒有找承包商的預算，也沒有時間／意願自己動手**，你可能得回去再檢視一下優先順序列表，搞清楚什麼對你來說是重要的。
- **如果是金錢和精力的問題**：比起把錢花在花俏又不實用的裝置上，也許你可以犧牲一下，自己油漆房間。不過拉管線這種事不能省，請找個專業的水電工來處理（還有等孩子們搬走以後再把撞球檯弄進來，免得檯子被破壞。）
- **如果是時間方面的問題**：每個周末你不是有八小時拿來看球賽嗎？也許可以花幾個月，犧牲那些時間來打造一個完美的秘密基地，把那些最後進攻機會拿來達成這個重要性更高的目標吧。

現在，讓我們回到**動力和優先順序**：這件事對你來說，到底值不值得花心力？如果不值得，儘管把「裝修地下室」從你的清單上刪掉吧，沒關係喔，因為我根本連地下室都沒有呢。

閃開，讓專業的來

我們已經學到，有時處理一件事最好的做法，就是不要去做，也就是放手。如果你能授權給別人做那就更好了，不但可以把事情完成，而且還不用自己出手，超棒。

但其實還有另外一個選項，這是最高層級的授權，它的名字叫做：**讓專業的來**。

不管抵在你太陽穴上的難題是小規模修理還是大規模裝修，或只是需要讓褲子比原本尺寸短個兩吋，別忘記：你能找個專業的人來解決。這不只能讓整頓心靈還自己清爽，還可以讓待辦清單不要爆炸。

沒錯，這得花錢，但這也能釋放寶貴的時間和精力（也確保你的卡其休閒褲不會一不小心被你改成七分褲，靠修改褲子討生活的人就會把事情一次做對。）

有時候，要搞定自己的人生屎事，就要承認自己對某些事就是搞不定。

讓自己別擋路，好讓世界能夠繼續向前走，你也不用浪費時間和精力在毫無成果的努力上，比如說改褲子，或是自己修理洗衣機。你受過修理洗衣機的專業訓練嗎？沒有？那你在幹嘛？喔，浪費你的時間和力氣？好吧。

我不是說非得請專業的洗衣機維修員才搞得定這種屎事，但如果你根本對洗衣機維修一竅不通，又堅持要把「修好洗衣機」放在你的必辦清單上，它就會一直修不好，或是在你僥倖修好一次後又壞掉，因為你根本不知道自己在幹嘛。於是「修好洗衣機」又重回必辦清單上。你看看，這時候你就得好好照鏡子，承認自己根本搞不定這件屎事。

拜託，對自己（還有你的洗衣機）好心一點，打電話找人維修，然後你就可以收工了。

透過他人贏得人生勝利

當有個能搞定人生屎事的人來幫你，你會感到安心又安全。就像腳傷的馬拉松參賽者，會被其他參賽者扶著通過終點線一樣；一個專業水電工勇敢堅定的精神和技術，也能夠讓你輕鬆度過所有難關。

委託專業人士可以是取得結果的一種手段，而不是結果本身。

它可以像一座橋一樣，串起你搞得定的屎事和搞不定的屎事。舉例來說，假設你需要一支新手機，但層出不窮的各種新上市手機讓你頭昏眼花，最後你簡直想退回去使用《五燈獎》開播前你就用過的紙杯電話。這種情況下，為了縮小選項範圍，你至少可以

諮詢一位專業人士，做為邁向大目標（選到一支適合自己的手機）**的小小的、容易完成的一小步**。畢竟走進蘋果專賣店問一大堆問題根本花不到你一毛錢，而且論壇上那些科技宅宅超愛聊電池續航力還有百萬畫素，說實在的，讓他們有機會聊這些是你在服務他們。

最後，如果你負擔得起，讓專業的來就是更省事。

如果你有能力讓別人有生意可做，就讓他們賺點錢吧！我們的目標是要過一種心煩最小化、收穫最大化的生活，而你要怎麼知道你真的搞定了自己的人生屎事呢？如果你有時間放鬆，能好好享受火雞肉三明治，那就是有；但如果你無時無刻都在搞一些沒必要的麻煩事，那答案顯然是否定的。

你看懂這張表格了嗎？

如果**你就是多一件處理不完的事情**，付錢讓別人來幫你解決那件多得事，說不定就是**讓你完成所有其他事情的關鍵**。這能釋放一段時間和一點精力，即使得花點錢，但整體目標就能被完成。

如果你付得起錢讓專業的來，但就是莫名抗拒這樣做，寧願讓一個又一個計劃不停累積，就像凌亂堆疊的古羅馬文明遺跡，這對你來說就是特別有用的策略。拿出你的必辦清單，看看有什麼事可以找人幫忙，不管是免費、要用一箱啤酒換或是支付每小時二十美元，總之不要樣樣自己來。

分而攻之，搞定人屎事。凱撒試過了，很有用。

你能省下麻煩，讓專業的來的屎事		你因此能接回來自己做的屎事
洗車	⇨	清水溝
清水溝	⇨	割草皮
割草皮	⇨	油漆陽臺
油漆陽臺	⇨	準備午餐
準備午餐	⇨	洗車

補充：不要把自己弄得像個烈士

跟所有普通人一樣，我喜歡發點牢騷，但沒有人想無時無刻聽你碎念自己有多忙，一直討拍只會讓人想拍死你。更重要的是，你不應該每天每個小時都很忙，人生勝利組應該更自由、更放鬆，鬆得跟那些亞麻布料褲一樣。人生不是在比賽誰有最多事要做、最多責任要扛或是把自己燃燒得最殆盡。你不是要跟自己比，也不是要跟別人比。你想想看，聖女貞德最後下場如何，**她是個烈士，而且她真的被燃燒殆盡了**，別跟她一樣。

「自己的時間」是人權，不是特權

現在我們總算要催足火力來真的了（抱歉了貞德，這個笑話不妥），那些需要完成的屎事也講得差不多了，該開始聊聊那些我們就是想做的事。有些人總是沒辦法心安理得地進行「興趣」之類的活動，因為這件事好像除了自己以外，對任何人都沒好處。

管他去死！

在必辨清單的祭臺前犧牲你的興趣是不對的，你的興趣應該一開始就**列在上面**。**說穿了，這本書就是要說告訴你怎麼整頓心靈，訓練自己用不同的方式思考人生和生活方式**，重點是要「做自己」，所有指示都是在告訴你怎麼做自己，好從人生中得到最多幸福感。你喜歡填字遊戲和越野滑雪嗎？不要把它們流放到腦子裡「有時間再做」的角落，把它們擺在最前面、最容易看到的地方。

要做到這件事，你得把興趣、還有沉浸在興趣中的美好感受，都看得**跟其他「需要」做的事一樣重要**。你**需要**起床還有去上班，因為你需要掙錢過生活；但你也**需要**讓自己**不悲傷**、**不精疲力竭**還有**不要**一周七天每天二十四小時都沉浸在怨氣裡，對吧？

什麼事能讓你免於悲傷、精疲力竭和怨氣呢？是在卡丁車賽道上發洩紓壓，是在你的花園裡忙進忙出，或跳騷莎舞，還是一邊聽新浪潮音樂，一邊調整你那批新釀的蜂蜜酒，讓它的味道登峰造極呢？這些都很好。興趣不只是幸福不可或缺的一部分，對於那些艱困無趣的的必辦清單項目所帶來的惱人情緒，興趣還有具有強大的平衡效果。那些花在興趣上的時間可以當作獎賞，用來激勵自己完成令人討厭、消耗時間精力的屎事（而且興趣不一定要很耗精力，只要是能轉移注意力或恢復精力的消遣都可以，請見側邊框框的例子。）

我用來獎勵自己把屎事完成時進行的興趣

讀一本書
做日光浴
數蜥蜴
出門快走
洗泡泡浴

如果你需要更多話來說服自己，我可以告訴你，在過去幾年，我花了一大堆保險公司的錢治療焦慮症，**醫療專業人士**建議我多洗泡泡浴，不是因為泡泡浴本身很令人愉悅，而是因為「向下調節」（down-regulate）（讓自己平靜的拉風說法）的方式之一就是**轉換焦點**，讓它從**引起焦慮的東西**移到**讓你開心的東西**，就像哄哄你的大腦，好讓它開心點。

但如果我的大腦拒絕被哄呢？你可別小看我的大腦！

那就別小看它。

你得為興趣爭取

身為床頭桌長年堆著搖搖欲墜書塔的那種人，我時常得提醒自己閱讀是值得我花時間的娛樂活動，雖然我可以把下午時間拿來進行更「有用」的活動，像是做出我的季度支出報告；但每當我贏得腦海中的爭論，選擇閱讀的樂趣之後，我從來不會感到後悔。

但如果我的罪惡感占了上風，我會跟會計軟體進行一場折騰我老骨頭的雙人舞，這事讓我嘴巴冒出的咒罵之骯髒程度，即使是擺到布魯克林造船廠區的老酒吧裡，也一點都不突兀。

不管你分散注意力的方法是閱讀、釣魚，還是在灌一杯酒後馬上解魔術方塊，你必須要**像政治掮客對待他推銷的政策一樣**，為其大力喉舌，讓政府的決策有利於政策推行。幸運的是，在這個情境裡，你同時身兼掮客、政府還有立法委員，內部關係暢通無阻。你喜歡書、收竿還有龍舌蘭酒嗎？非常好，請確保這些活動好好出現在你的行事曆裡，**把它們排進去**。

有個超有效的方法能增加你從事興趣的時間，**就是讓自己花時間從事興趣，好提醒自己做這件事有多快樂**。當你腦子裡開始天人交戰，是要痛飲一杯還是要工作一下的時候，你心裡的掮客不需要太辛苦就能說服政府官員，你有權利和你的酒杯在晚上十點來個約會。

最後最後，當你有疑惑的時候：不要想了，就做。

不要花力氣跟你的大腦囉哩叭唆、討價還價，在想得太多讓自己打退堂鼓之前，打開水龍頭、爬進浴缸，一旦你躺在浴缸裡，你的大腦就會重新調整，讓做真正想做的事所產生的正面能量湧入，然後你會很高興自己做了這樣的選擇。

這說起來真的是雞生蛋、蛋生雞的邏輯，我知道，但這個方法很有用。

促進創作

我的調查中，有很多受測者希望能搞定人生屎事，讓自己不只可以發展興趣，還能追求特定的創作目標，像是寫作、音樂還有藝術；但他們現在因為忙於工作、家務事還有其他一點也不好玩的責任，已經沒有多餘精力可言。

你們的聲音我都聽到了。

要「空出時間」給那些還沒或是永遠不會賺錢的事情，的確不容易。但小說沒人寫可不會自己冒出來，吉他不會在你一聲令下就自行溫柔低鳴；畫出快樂的樹，也絕對不像《歡樂畫室》所展現的那樣簡單。要追求創作目標，你遲早得搞定自己的人生屎事，才能從渴望做這件事，變成真的做這件事，不管是有錢可賺，還是圖一個開心而已。

通往這個版本人生勝利的路上，擋著兩個不一樣但相互關聯的挑戰，**對於搞定人生屎事，它們就像是斯庫拉和卡律布狄斯**。*

斯庫拉是**排入行程**。如果你整天都要工作，而且擁有忙碌的家庭／社交生活；或你就是累翻了，回家都直接昏死，那你什麼時候才有時間進行創作呢？

答案：你得**擠出**或**找出**時間。

你說不定正在期待我使出一份值得信賴的必辦清單，沒錯，那是一種解決方法；但這個方法是否有效，**取決於你是哪種類型的創作者**。我有一個前同事是在出門上班賺錢之前，超級早起床寫她的小說，她有辦法每天都在這個時段產出文字，並且規律地投入時間這麼做。顯然那些文字相當優秀，最後出版社砸下大錢簽下她的作品，她也辭去了原本的工作。

這可是必辦清單的大勝利啊！

但對其他人來說，你得等創作的渴求突然擊中你，你才能找到時間來利用這個靈感。早上通勤時，可能突然有一段旋律跳進你的腦袋，但你可不能因為感覺突然來了，就翹掉早八的簡報。但你還是可以花五分鐘隨手記下靈感的雛形，然後稍微調整一下隔天的必辦清單，把寫首新歌當作要優先處理的事項。這當然不理想，但至少是一個開始，你看，這樣斯庫拉就被解決了。

接著你還得面對卡律布狄斯，它代表的是覺得這些要塞進行事曆的**創作活動毫無價**

* 牠們的名字的確很冷僻，這兩隻是神話中的海怪，在荷馬的《奧德賽》裡面，牠們夾在唯一能安全通過美西納海峽的路徑兩側，不認識沒關係，你就專心想著牠們可怕的海怪樣貌就好，沒問題的。

值的錯誤觀念。要在這個邪惡的海洋女巫旁平安航行，代表你得對自己每天或每個禮拜花掉的那幾個小時心安理得。即使那些時間似乎沒有完美清楚的目標，也可能不會產生出一個成品。但即使你不會去畫廊開畫展，花一個下午在房間裡畫畫，也可能是一段能給你帶來許多快樂和收穫的藝術精進時光。而且，你怎麼知道自己沒辦法開畫展呢？我的前同事最後得到了出版合約，**在你還沒嘗試之前，你永遠不會知道結果如何**。

所以要達到你的創作目標，最有效、最有可能成功的道路，就是**找出時間，並允許自己使用那些時間**。用輕快的舞步越過斯庫拉，走上這條道路，順便跟卡律布狄斯擊個掌吧。

自私不是一句髒話

不管你是「逃離」小孩身邊，找時間跟閨蜜們一起摸八圈，還是「逃離」老婆身邊，待在暗房裡幾個小時召喚內心的攝影大師，為興趣和創作目標騰出時間，可以說是**融合「搞定人生屎事」還有「管他去死」人生哲學的完美範例**。

在《管他去死是人生最大的自由》問世之後，我接受了許多訪問。我在訪談中說到自私是件好事，有些人把那個說法視為有爭議性的立場，接著我就被大加韃伐，說我宣揚社會墮落風氣，還說我是千禧世代——這兩個罪名都不正確，其中一個還很冒犯人。

但這些批評絲毫沒有改變我的想法。我堅定地相信，在追求自身的健康和幸福時，當一個自私的人對你自己和生命中的其他人都是件好事。如果你感到快樂且充實，你自然會變成一個更容易相處的人，你會是更放鬆的家長、更體貼的伴侶、更有耐心的老闆，還有更有活力的員工。**如果你自己沒有半點正能量，你要怎麼給別人正能量呢？**

所以沒錯，少付出一點心力、把那些心力花在刀口上，就是一種自私的練習。讓自己專注在「想做的事」，而不是「必須做的事」（或其他人覺得你該做的事），這樣的想法一點錯也沒有！而且這個心態對於搞定人生屎事特別有用，能讓你有力氣從事興趣、創作活動，或任何其他不見得可以獲得「成就」的活動——但它們能讓你快樂。

跟你說個大新聞：**快樂本身才是終極目標**。

當我還在暗無天日的大公司裡苦苦掙扎，伊斯帕尼奧拉島的雪白沙灘離我是如此遙遠，就像我眼中微弱的閃光時，我爸媽到紐約來看我，我們坐在餐桌旁隨意閒聊。

那時說到我們不想生小孩，有些長輩真的搞不懂幹嘛不生小孩。我一邊思考，一邊說如果我們真的要有小孩的話，教養小孩時一定會是由我來扮黑臉，因為我知道自己一定沒辦法不逼著孩子拼命，要他當個「成功」的人。

「就算我可以試著不要對他們那麼嚴格，但我一定會一直想到，我小時候可是這麼拼命才能寫完作業、拿第一名畢業，考上一流的大學，然後擁有這麼棒的事業。可是這傢伙齁（指著我先生），他這一輩子關心的，就只是讓自己快樂而已！」我爸媽聽了，用嚇壞了的表情看著我，然後我先生（容我補充：他其實也非常成功）輕輕地拍拍我的手臂。

「放鬆點，」他說。

「**只是**快樂？」他們說。

在飯店的世界裡，那個對話大概就是個「叫醒服務」，只是那次服務特別振聾發聵，有點像是住在奢華的萬豪酒店，而他們在早上六點送了一整支銅管樂隊到你的陽臺上叫你起床，還幫你加碼低音號。

在那之後，「辭掉工作搬到加勒比海」計劃很快就生出來了，非常合理的發展。我有了一個目標，然後就是制定策略、專注和投入的時候了。

你呢，對你來說是時候了嗎？

第4章

深層屎事：心理健康、存在危機，還有人生大轉變

寫這本書的時候，我才發現自己也許不是徹頭徹尾的賽門，而比較像是月亮星座是喜多的賽門。我承認，當屎事攪和得鋪天蓋地、拔山倒樹而來的時候，我偶爾會屈服於誘惑，躲在床底下一或三天（就算我是個A型緊張大師，每天早上都把便利貼當早餐吃以免忘記事情，但要時時讓屎事盡在掌控之中，可是一場永不止息的奮鬥。）

但每當「喜多時刻」來襲，我會試著放鬆、採納自己的建議，然後回想那些我認為不言自明的真理：**制定策略、專注、投入。決定優先順序還有授權。**懷疑自己搞不定的時候，就讓專業的來，然後試著在不把自己逼瘋的情況下，完成所有任務。

然而，還是會有挺多擾亂心神的麻煩事，**像是焦慮和完美主義**，這些永遠都會在我的腦袋裡徘徊，所以我得有警覺地定期整理才行。對於其他人而言，亂源可能是**逃避和自我破壞**的傾向，或是**讓人動彈不得的對失敗的恐懼**。基本上，如果人生遊戲是繞著體育場的盛大田徑賽事，那些東西就是我們自己擺在賽道上的障礙（特別是賽門，但所有花栗鼠其實都無法倖免）。

第四部分就是跟這些**深層屎事**有關，那些在陰溝底部，得曠日費時才弄得乾淨的東西。

不過你愈快跳下去處理，你就能愈快爬出來。

搞定人生屎事，停止自我阻礙

首先得先說個重點：維護自身的心理健康還有解決存在危機，跟搞定人生屎事以認真節食或油漆房子，其實是同一回事。你知道那二十四公斤不會在二十四小時裡突然消失，也知道油漆之前，你得搬動家具、鋪上防汙布，還得在踢腳板貼上遮蔽膠帶。同樣地，焦慮不會在魔法雞毛撣一揮之下就通通飛走；對失敗的恐懼也不會像噴上強力去汙劑，短短五分鐘內自動消失！

就像目前為止我們談過的每件事，**人生最深層的屎事，也是得分成小小的、容易完**

成的小塊，一次一塊地清出來丟掉。

「自我阻礙」就是在說這些深層屎事，不是有待進步的時間管理和授權技能，而是情緒和態度，是你的**心態**。這種垃圾以心理灰塵的方式存在——幾乎看不出來，但永遠在那裡；而且你忽視它愈久，它愈越具有侵略性。它會裹在所有其他垃圾上，滲入所有的裂縫和凹陷處，慢慢增加心理打掃工作的複雜程度。我們還是要用那招實驗證明可靠的混合技，也就是策略、專注加上投入，但我們現在要對付的東西，**其實是位於你的內心**，而不是在健身房，或是客房裡爬上梯子才搆得著的地方。

因此，接下來這幾頁提供的建議類型，你可能也會想找身心科醫師或專業心理師給你意見，但我兩者皆非。所以提醒你採納我的建議時，請搭配健康劑量的保留態度服用*。

* 我猜你在買這本書名有「管他去死」的書時，應該就進入這個健康的保留態度了。不過我想出版社還是會希望我多加說明，以免沒說清楚，到時候有什麼紕漏我們就完蛋了。謝謝。

焦慮，你這愚昧的東西

記得我前面說過，我們都有過那個「**靠，挫賽！**」的時刻嗎？每當我遇到這種時刻，有時還會幫它配上培根、起司還有嚴重的精神崩潰。即使已經不像之前那樣頻繁遇，但每當它發動攻擊，在我開始把它吸乾淨之前，那個心理灰塵揚起的迷霧是不會消失的（艾文和喜多的角落多少都積了灰塵，但我們這些賽門，則是一輩子都在辛勤地用吸塵器吸起灰塵，然後再把濾網裡所有的東西倒回地板上，真是很有事。）

「管他去死」對這個問題多少有幫助，**一旦你停止在乎別人對你的人生抉擇有什麼評價**，你會驚訝地發現：這能清掉好多層焦慮灰塵。不過你還是得繼續過人生，這代表你得處理很多事情，其中有些事就像住在掃地機器人的集塵盒裡那麼難受。

除了藥物介入（再次強調：我沒有專業資格，但我絕對贊成適當的藥物治療），這裡有三個簡單的方法，你可以試試看對你是否有效。

撕掉ＯＫ繃

如果你的情況是不採取行動就無法繼續前進，這招特別有用。舉例而言，如果對你來說，搞定人生屎事就是搬出去自己住，不用再跟室友共享空間、不用忍受外賣餐盒被留著當菸灰缸，也不會有叫克林特的傢伙老是來按電鈴；那麼即使想到要告訴閨蜜自己要違約提前搬走，就讓你焦慮到不行，你還是**必須**跟她說。你不能一夜之間遠走高飛，也絕對不能因為想逃避對話，就多付一份房租另外找地方住，就去面對吧。你還沒做掉這件事時感受到的焦慮，百分之一千會被談完後的鬆一口氣化解，而且那時你就已經待在一個沒有菸味、沒有克林特的獨立套房裡了，喔耶。

這也會過去的

這是ＯＫ繃法的相反，要你對問題睜一隻眼閉一隻眼，直到它自行解決或消失為止。我不是要你完完全全地逃避（我稍後會談到這個壞習慣），而是大概數個深呼吸那麼長的謹慎猶豫，最多不超過一天。

假設一下，你的老闆突然寄來一封話中有話、讓你嚇得慌了神的信，說不定別馬上回應才是明智的選擇。暫時先專心做別的事，有了心理距離之後，你就極有可能在重讀這封信以後，發現其實根本沒什麼暗藏的殺機。又或者在你回應之前，老闆就探頭進你的辦公室，講了幾句友善的話，讓你明白你對那句「等你有空的時候請來辦公室找我，謝謝」其實過度解讀了。

模擬對話

當某人引起你的焦慮，這份焦慮有時是不是會變成你腦海裡無限鬼打牆的自我對話，卻無法讓你當場對罪魁禍首表達呢？這種時候，我會推薦你把那些對話寫下來，這個方法可是有公認的實際療效，而且你會發現寫下的那些句子很有娛樂性，例如：

給南西：妳真是我這輩子遇過最差勁的人，如果可以，我會找出妳住在哪，在冬天時偷偷潛入妳家，把麥香魚塞到妳的暖氣裡。不過我真的沒有鬼時間做那種無聊事，所以我在這裡譴責一下就好，妳上週五在飛輪課做的那件事真是不可原諒，妳應該感到羞恥。

這個「寫下來」的行動，能夠幫助你把焦慮釋放到虛空之中，而且通常能夠讓你不用在真實世界裡進行對質。我已經跟我先生講得很清楚，如果我比他早走，他得把我所有的黃頁記事本燒掉。*

逃避不是零和遊戲

沒錯，我們想儘量降低讓你陷入恐慌的焦慮感，但也不能讓你變得完全麻木不仁。腦袋空空地盯著你的待辦清單，並不能讓上面列出的事項變成一群只會傻傻跟著前頭走的旅鼠，認分地走下頁面自我了結。如果你沒事就使出「這也會過去的」那招（這比較是艾文和喜多會有的問題，賽門的焦慮表現出來的症狀通常是反應過度，而非毫無反應），你可能會覺得事情好像解決了，但其實你是在增加自己的負擔：

* 要真的用筆寫下來，因為科學證明手寫是幫助消解焦慮的關鍵，而且這也表示你不會不小心寄出一封咆哮信給別人。人是很容易在情緒激動時不小心啟動寄件功能的，但如果是貨真價實的郵件，即使是蓄意為之都不容易，更不用說意外寄出了。

逃避洗衣服會讓你沒有內褲可穿

逃避倒垃圾會讓你的廚房聞起來像是臭掉的雞肉

逃避讓你不自在的對話會延緩事情的解決

針對最後一點，我要再多補充一下，那件事情可是讓你一秒抵達各種嚴重問題的傳送門，例如焦慮、胃痛，還有無法成眠的夜晚；而滿出來的洗衣籃跟垃圾桶，頂多會造成沒穿內褲出門或老鼠肆虐的後果而已。

就像你得跟衝動控制魔法師正面對決一樣，你有時（或常常）必須跟活跳跳的真實人類針對一些討人厭的屎事進行對決，好完成任務。你可能是需要訓誡員工的老闆，或是需要對違抗老闆指示的員工；你可能是想跟另一半吵架的先生太太男女朋友，你也有可能是需要跟你老媽好好促膝長談，讓她從此以後不要再插手攪和你的人生。

不管是哪種情況，你最好都乖乖搞定屎事，勇敢進行對話，以免對決的烏雲在你的腦子裡永久紮營，用它來勢洶洶的陰鬱，讓你其他所有的需求、慾望還有責任都籠罩在陰影下。

還好，跟我們在194頁談過的假期準備一樣，**對照想像與現實**的原則也適用於困難的言語交鋒。你要是能搞定自己的可怕想像，這場仗就打贏了一半。你愈快為「談談」這個活動制定策略、專注和投入，你就能愈快進入現實階段，就像是靠近終點的賽道，一進入那個區域，比賽就會在瞬間結束，而且它真的沒有你**想像**的那麼可怕。

如何開啟棘手對話

約好時間（沒人喜歡被偷襲）
練習不具威脅感的手勢
張開嘴巴
使用詞彙
努力不要把口水吐在別人臉上

當然，想像喜悅的事物是一回事，想像討厭的東西又是完全不同的另一回事。請儘管為了春假、生日派對還有聖誕專輯，發揮想像的放大功效，讓興奮無限膨脹到滿出你的小心肝，盡情擠出所有想像能產出的正面效益吧；但對於討厭任務的想像實在會殺死你人生的樂趣，而逃避還會讓被殺死的東西爛到流膿。

流膿是個噁心的詞，你真的不該讓任何東西流膿。

失敗者的烙印

好喔，我可能是唯一對流膿有意見的人，但我敢打賭，你還小的時候，一定不能在爸媽面前說「幹」（Fuck），對吧？（或者，根據亞馬遜某些讀者的意見，做為一個大人，也不可以在一本書裡面寫幾百次幹。）你帶回家的考卷或成績單，上面大概也不能出現一個大大的紅色F字母（編注：我們假設等同於「丙」），那個符號代表著你抓不住三角函數的精髓，或是無能記住出生兩百年前發生的戰爭細節。

那個F也代表**失敗**，而且它又在每個求學小孩的心中埋入另一個F開頭的東西——**恐懼**（Fear），先別管你的個人品格了：它會讓你失去看電視的特權嗎？會害你的零用錢被扣押嗎？**最可怕的是**，你會被逼著在暑假去補習嗎？

無法接受！（而且我敢確定還有其他更糟的後果或懲罰，端看你唸的是哪種學校，或你父母是哪種類型。）

對這些在成長過程中籠罩失敗陰影的孩子而言，把恐懼過度內化真是一點也不意外。他們其中有些人（大概有一半，根據我的調查）會把老師龍飛鳳舞的F變成**俗話說的烙印**。在美國小說《紅字》裡，清教徒認定的蕩婦海斯特．白蘭必須在所有衣服繡上代表「姦婦」（adulteress）的A。而這些人總低頭盯著大大的烙印，不是在成績單上，而是印在他們胸膛上，這讓他們覺得自己如果沒有隨時領先十七步，那**失敗者烙印**就會一輩子都在他們身上。

對失敗的恐懼其實就**和失敗本身一樣，其威力之強大足以損耗心志**，甚至讓人失去前進的動力（而且也毀了很多狀態良好的襯衫）。當你恐懼結果有可能很糟，你就會讓自己在整個努力過程中遭受更多痛苦，不管是努力通過考試、得到升遷，或是試圖一次就正確組裝好ＩＫＥＡ的家具。

而你造成的這些**心靈 röran***，又會進一步引起……

分析癱瘓

你共事過的人裡面，有沒有那種就是無法做出決定、放過自己柔軟靈魂的人呢？

我曾經有個同事，**她的待辦清單裡面每一件事情都是用來逃避的**：逃避核准行銷企劃、逃避簽核那份稿件，也逃避回覆那些電子郵件。這女人真心搞不定自己的屎事，然後她——還有她身邊的每一個人——都得為此受苦。

她的問題不是完美主義（這件事本身的確是場硬仗，下個章節我們會討論到），完美主義者通常會一做、再做、三做所有的事情，而不是從來不做任何事。

她也不是不瞭解工作的要求，她在這個產業裡已經是個資深老鳥，而且還超聰明。

這甚至不是個性的問題，如果她「想」的話，她可以既迷人又可愛，但她總是「不想」回你的電話。

上面那些原因都不是問題，我認為她沒辦法做決定、沒辦法**專注**或**投入**，是因為恐懼。可能是因為她害怕被斥責（雖然比起把事情辦得不如人意，什麼事也不做才讓她受到更多責難。）可能是因為她害怕，如果自己連續做出**太多**錯誤決定，她會被開除。但人總是得先做一個決定，才有可能進階到「連續」的錯誤決定啊。

＊在IKEA的語言裡這是「雜物」的意思。

不管原因是什麼，**她的策略——逃避——就是爛透了**。

最後，讓她陷入分析癱瘓的恐懼終於淹沒了她，除了收到許多憤怒的語音留言以外，她最後真的被開除了。把人生搞成這樣一點都不勝利啊。

這通電話是從房子裡打來的

搞不定屎事就是一種自我破壞，就這麼簡單。你弄丟了自己的鑰匙、手機和錢包嗎？可以啊，那你就進不了家門、接收不到外界訊息，還什麼都不能買。如果你弄丟的是意義上的那些東西，失去的東西可能就更多了：機會、朋友、尊重，還有整場人生遊戲。

很多人出於恐懼而讓自己屈居守勢，因此看不到目標，也看不到通往目標的道路。他們的策略從窗子逃走，專注的焦點跑到「其他所有人」身上，而不是「自己」。最後他們唯一能投入的事，就是找藉口解釋自己的行為，而不是做出改變。

但你知道嗎？一般來說，世界不會故意跟你作對，**你**才在跟自己做對。野獸男孩(Beastie Boys)的歌詞說得很好，稍微改一下就能拿來用在這個情況：你算計的那事，其實是海市蜃樓，我現在要試著告訴你，那是自我破壞。

就像富蘭克林羅斯福說過的，**「我們唯一需要恐懼的事情，是恐懼本身」**。要我來說的話，還得加上不聽話的狗、高空跳傘跟癌症才對。雖然我個人並不害怕失敗，但對於害怕的那些人，就像我在201頁說過的，做錯一個決定只有在極少數情況下才會搞出人命，所以沒必要讓失敗引發這麼多恐懼。

如果你只是個一般人，有些一般的決定要做，我敢打賭那些決定裡面，沒有任何一個的重要性高到讓你得徹夜未眠，在想像的縫紉機前，為你所有的衣服繡上象徵失敗的字母。

事實上，我會建議你改纁「接受」(acceptance) 的A。

當你能接受失敗只是一件有可能發生的事，你就能從引發焦慮的想像國度裡重返現實。你可以在事情真的發生以後（更重要的是：它有可能不會發生）再去處理它。這樣一來，你就能將當下的精力用來達成更有價值的目標，而不是為了還沒成真的失敗擔心。而就算你真的失敗，除非你的失敗是沒能警告大家85頁那顆毀滅地球的小行星要砸過來了，不然也不會造成世界末日。

比起失敗，其他害怕也無妨的東西

鯊魚
土匪
鷹架
有毒的蟾蜍
一黨獨大的國會

失敗就是一種會發生的事情。有時候你是自作自受，比如說你跑去參加在內華達沙漠舉行的火人祭，但卻沒帶夠防曬乳跟濕紙巾。其他時候你就只是衰，比如說你選了天文學當主修，但沒料到小行星 4179 居然會在你的眼皮底下跟行星對撞。人哪有永遠都贏的呢？

換句話說：為了搞定自己的人生屎事，你必須**管失敗去死**。不是我要誇自己，這句話在這裡用得很到位。

對完美說不

如果逃避和對失敗的恐懼是所有花栗鼠成員都要面對的問題，那我覺得，完美主義對賽門來說比較常見。是有一些特別挑剔的艾文，但說真的，我覺得他們應該優先考慮「做點事情」，才能「把事情做得完美」。

如果賽門真心想要成為人生勝利組，就得懷抱無窮的渴望和對目標的追求，朝著那座象徵完美、明亮閃耀的燈塔大步邁進。但事實是——完美是個幻覺，是他們腦海中閃閃發光的沙漠綠洲。就像覺得只要節食就能變成超級名模一樣，**把完美當作努力的目標，是一種讓自己落敗的策略**。

所以，我今天要在這裡告訴你：**我是莎拉，一位正在康復中的完美主義者**。

這是真的。我是末期微調狂，我總是有想一次又一次地重弄同一份東西的衝動，直到它**完美為止**，我得不停與這種衝動搏鬥。這種不健康的行為一直是我的一部分，每一天都是一場不向這個衝動屈服的戰鬥。

聽起來很耳熟嗎？如果你這樣覺得，我們來假設某一天你需要完成以下這些事情：

幫你的老闆寫個備忘錄

去乾洗店拿衣服

幫你的朋友設計新生兒派對的邀請卡，打掃你的公寓準備迎接爸媽來訪，還有打去你爸最愛的海鮮餐廳訂個位（他愛死好吃的魚）

現在，假設你完成了備忘錄。雖然這花了大半天，光是不停把分號刪掉再加回去，就讓你損失了一個小時，但那很正常嘛，每個人都會這樣啊（沒有，他們不會。）

你趕在乾洗店拉下鐵門之前贖回你只能送乾洗的衣服，但那也代表你得拖著沉沉的套裝袋，在三家不同的文具店來回奔波尋覓派對邀請卡要用的紙。前面兩家是有藍色的紙，但沒有你鍾愛的那種「超人內褲藍」。然後你終於找到那種顏色，你跑回家，把墨西哥捲餅塞到嘴裡，然後開始尋尋覓覓理想的字型。

喔喔，那個不錯喔，但或許我可以把每行的第一個字母變成無襯線字體，時間和日期都用小寫好了；然後&符號可以用另外用手寫風格的字型，這樣符號就會微微傾斜，看起來就會像是一隻小小的送子鳥，啊還有

哈囉，你是不是一直微調到停不了手呢？那你可以加入這個俱樂部了。

微調。

總有一天，你對必辦清單上某項任務傾力投入的時間和精力，會累積到一個**臨界值**。當你花愈多時間讓一件事臻至完美，你能夠拿來搞定其他事的時間就愈少，雖然你的出發點是好的，但突然之間，你會發現你**不但沒搞定自己的屎事，還讓一整天的時間都付諸流水**。時間已經太晚了，現在吸地板的話樓下鄰居會抗議，而且海鮮餐廳週六晚上的最後三個位置已經都被訂走了。照這樣發展下去，到時候你媽得幫你消毒馬桶，你爸得吃微波食物，而你可能還會把捲餅裡的醬料滴到剛乾洗好的衣服上（最後一件事沒什麼理由，純粹只是用來增加這段敘述的戲劇性。）

告訴我，你聽過那句格言「不要讓完美成為做好事情的敵人」嗎？嗯哼，我們現在的情況是，**不要讓完美成為贏得人生勝利的敵人**。

請把腦袋借給我一分鐘，想一想，**就連最成功、最受人欽佩的勝利者，都很少是真正完美的**。一個體操選手可能會以神話中的「完美十分」當作目標，但十分幾乎從來沒有發生過（特別是在用了新的評分系統以後，這東西就是設計來讓那些好傻好天真的賽門受挫，讓他們想在平衡木上狂灌伏特加調酒。）

那些身材像維特魯威人的人類不需要完美就能贏得奧運金牌，你當然可以在你自己的人生裡當個勝利組。

讓我告訴你，孩子，別對完美上癮。那不是人過的生活。

打敗完美主義的12步驟

1. 承認它。你不是一九七二年賽季無敗績的邁阿密海豚隊，你無力抵抗完美。
2. 相信有比自身更強大的力量，能幫助你恢復神智清醒。
3. 做出決定，將你的意志託付給一位很常罵髒話的女士。
4. 徹底而無懼地列出你的待辦清單，然後大刀闊斧地將它縮減為必辦清單。
5. 坦承我們錯誤行為的確切底蘊——但也別太確切。
6. 做好萬全準備，好近乎完全地將完美主義驅除出你的生命。
7. 謙卑地徵求別人的意見，問問他們自己是不是其實很荒唐。
8. 列出所有曾因你的完美主義傾向而受傷的人，就身為一個執迷不悟的混帳向他們道歉。
9. 直接彌補你曾傷害過的人，除了在你不當混帳不行的時候。
10. 繼續列出你所有的行為，在心裡特別銘記那些你沒能達到完美，但世界也沒有因此毀滅的時刻。

11. 持續提升你在「管他去死」和「搞定人生屎事」這兩方面的有意識了解，有需要的時候，請參考這些領域裡的寶典。
12. 將這樣的訊息傳達給其他完美主義者，記得傳達時不要表現得像是讓人無法忍受的混帳。

呼叫救援

說了這麼多，我希望各位花栗鼠現在都對未來無比樂觀，希望你們搞定人生屎事的能力，能跟這本書所剩不多的頁數成反比，而且你可以像《歡樂滿人間》的瑪麗．包萍一樣，用你戴著白手套的手指檢查你的心靈灰塵是不是都清理乾淨了。賽門們可能正在練習十二步驟，而且還發明了新的深呼吸練習法，沒辦法，他們就是喜歡給自己找事做。不過沒關係，這也是一種進步。

現在差不多準備好要看看接下來還有什麼了，但我不想瞞你：我們其實還沒抵達深層屎事谷硬梆梆的谷底呢。為了讓你好好見識，我為谷底準備了專屬導覽行程。接下來，我要和你分享一個經驗，**那次我必須搞定極深的心理層面的人生屎事**，跟這個經歷比起來，辭掉工作還有填滿冰箱上的圖表簡直就是小意思。

我希望這個經驗能讓每個曾經面對類似問題的讀者有所共鳴，不管你是哪種類型。

為了要好好說這個故事，我得嚴肅認真一點，也就是說接下來暫時不會有淘氣的雙關語，也不會有跟排泄物有關的幽默感，這樣的狀況大概會持續四頁。請容我任性一下，但我保證，我們很快就會回到常態的不正經模式。

我們打勾勾。

那個消失的女孩

我以前是那種會被說是「肉肉的」小孩，我同時既聰明又有趣，但我的同學大多數把注意力放在「肉肉的」這件事情上。有很多人暗地嘲諷我，還有一次校外教學是去海邊，在我年輕又脆弱的心靈上留下永遠的傷痕。在即將升高中的時候，我的心裡只有一個願望：那就是要以輕盈的姿態和更多的活力，穿著4號牛仔褲踏入高中校門。

所以，就像所有初露頭角的賽門一樣，我有充分的動機並且開始付諸努力。

在十三歲那個年紀，透過嚴格的卡路里限制控制飲食，可說是全世界最簡單的事，畢竟我的新陳代謝在那時還沒提早退休，所以體重馬上就下降了。但對計算卡路里的病態性執著，終究（有些人可能會說「可預見地」）讓我罹患了厭食症。我用緩慢的速度剝一顆橘子當午餐，我的晚餐是用半杯當計量單位的米飯和雞肉。事實上，如果不是為了做做樣子不讓家人擔心，我根本不會吃晚餐——那時候的我極盡所能地避免攝取食物。

我猜你可以說我的意志力無敵堅強。

最後，我不管以什麼標準看都是個瘦子了，那是我記憶中第一次對自己的身體產生自信。不過，只要嘗到過頭的甜頭，就會想要一直當個過頭的人。我後來想到，有沒有什麼可以取巧的方法，讓我既能享受將美味食物送進嘴裡的快樂，又不會體重上升呢？當然有好方法啊！我一定是第一個想到可以把晚餐吞下去，然後再把它吐出來的人，就像鳥媽媽一樣，只是我沒有小鳥要餵。

很快的，事情就發展成「你看，我在吃起司漢堡耶。好了，走開走開，沒什麼好看的啦」（然後我就跑去浴室吐，或是在每天慢跑的時候吐在路邊。）脫離厭食症後我馬上投入心因性暴食的懷抱，好讓自己能夠保持纖細的身材；但不管我對自己的身材感覺多良好，我的身體卻感覺糟透了。

我的喉嚨很痛，眼睛浮腫，總是覺得口乾舌燥；而且因為我根本沒有攝取任何營養，我有貧血，也就是說我得吃噁心的鐵劑，那讓我整天無法控制地瘋狂打嗝。我從一個肉肉的小孩，變成一個虛弱纖瘦的四十五公斤青少女，最吸引人注意的是慣性打嗝發出的噪音（加倍諷刺的是，我吃那些鐵劑時得配食物，不然就會頭暈想吐。）

這些血淋淋的飲食失調細節，其實不是重點。我想告訴你的是**我後來如何克服了飲食失調**，希望這不只能幫到深受這類問題所苦的人，對於其他更廣泛的人生問題也能有幫助。

不管是哪種自我傷害的行為，曾經受其所擾的人，一定能認出那種**知道自己在做的事情很不健康、很站不住腳，但又感到自己無力改變的感覺**。時時刻刻，日日夜夜，一個又一個的「靠，挫賽」時刻不斷累加，讓你的大腦變得凌亂。你根本不知道喜悅在哪裡，更別提找到通往它的道路，它被埋在了很深、很深的地方。

在我十六歲的時候，並不知道原來能找個專業人士來解決自己的問題，其實我也負擔不起，但我知道自己需要救援。我後來決定，如果我想終止自己的病態行為，最有可能成功的方法就是把情況告訴我媽，坦承我的問題，然後由她來讓我問責，而不是自己獨力承擔。這可以說是「**誰把你教成這樣？**」策略最終極純粹的形式了。

這個計劃裡，第一塊小小的、容易完成的小塊，就是要說出那句話：**我需要幫助**。

我選了一個只有我們倆在家的晚上，在客廳的沙發上與她對坐，吐出那些該死的真相。那是一個可怕、令人恐慌的「投入」時刻，接著……我說完了。那些被我堆積如山、滿蓋陳年灰塵的垃圾傾瀉而出，被那有如鑰匙的五個字釋放。

接下來的對話就像我腦袋裡演練過的一樣平和理性，但不知為何，感覺起來更真實，跟另一個人類進行對話通常會讓人有這種感覺。而且就像我原先希望的一樣，讓我媽了解我的真正情況，的確讓我獲得一直以來缺乏的問責感，最後那成了讓我變好的主要動力。就像人們知道有相機對著自己的時候，行為舉止會有所不同，我用另一個人的關切和評斷當作鏡頭，對準了自己。當我受到誘惑想退回老樣子時，我提醒自己她正在看我表現；我想像她如果知道我在傷害自己，會有多傷心失望；再想像她如果知道我一直在變好，又會有多高興。

所以沒錯，整頓內心通常是單兵任務，但你不一定要獨自上路。**如果你苦苦掙扎，**

發現不管怎麼怎麼結合策略、專注和投入，你都無法阻止自己捲入人生屎事的風暴，那麼引入援軍是完全沒問題的。

有些援軍是能開處方籤的那些人，有些則是永遠心心念念為你好的人。

想要人生大轉變？先從小事著手

你聽了可能會驚訝，其實我時常回顧自己人生中不健康／不快樂的時刻，這不是因為我喜歡沉浸在青春期的憂傷中顧影自憐，更不是因為我對大公司的生活有**一絲一毫的留戀**；而是因為當我想到自己能夠挺過那些時刻，我就知道：只要願意下定決心，不管多重大的目標，我都能真的實現。

人生遊戲之中有許多陷阱，像是糟糕的時間管理、分心還有對失敗的恐懼，那些都是能辨識的，抵抗或避免那些陷阱的方法也都很簡單。既然我們都走到這了，你應該要能夠像世界棋王一樣制定策略，即使有隻手被綁在身後也能專注（只能綁一隻，另一隻手得拿手機。）

實際投入是最難的部分，但就像我人生中想要得到健康和快樂的那些時刻——只要你真心想要，投入是絕對、一定、百分之百做得到的事。

因為人生大轉變也是透過小小的、容易完成的小塊達成的。

請容我不斷地、一再地強調這件事。

就像當你想完成著色本練習頁時，就算這是個裡面有四隻獨角獸在開滿野花的草原上互相追逐嬉戲的複雜圖案，你也得先找個地方開始，也許是獸蹄，也許是其他地方。

搬到世界的另一端，或搬到另一個城市，或只是搬到對街，都不可能一眨眼就完成。這件事會從動機開始，進行到目標設定的階段，然後再產生一個策略，接著依此類推。總之，**一次完成一點點**。到最後，你會完成一隻獨角獸的身體還有幾朵水仙花，而完成的那些東西，會讓目的和方法更清晰地浮現。

你的確還是想搬到聖地牙哥，你知道自己想要住在哪個區域，而且也知道你的預算在哪裡，所以下一步是什麼呢？在租屋社團上尋覓室友？打電話給房仲？不管要怎麼進行，你都得撥出時間專注、投入，然後把這件事從清單上劃掉。一隻獸蹄塗完後就接著畫另一隻，直到填滿所有的空白都為止（包括更改你的所有通訊地址，說真的，那真是煩死人了。）

又或者，假設當你看著鏡子裡的自己，彷彿好像看到年輕二十五歲版本的你爸，正在往第四度繞道手術還有滿滿一櫃子的高血壓藥邁進。好消息是你還有長達四分之一個世紀可以改變人生航向；但現實是，你得找一天開始，那個改變甚至會從某一秒開始的，就是你想到「起酥捲真好吃」的那一秒。在那之後，你捨棄吞下香甜酥皮樂趣的每一秒，都會把你和有著冰冷雙手的急診護理師之間的距離，再拉開一點點。

那個大片的青草地呢？就是你對每周運動計劃的投入，用綠色把它全部填滿吧。

我不想說一些不負責任、過度正向的話，但相同原則也適用於深層屎事，還有**讓自己的心靈產生深刻的變化**。變得更有自信，或是別當個極端的完美主義者，聽起來好像是很難達到的目標；但如果你讓自己被表面的艱鉅程度嚇倒，根本不敢開始改變，你就哪裡也去不了。**鐵錚錚的事實是：你無法完成自己根本沒有開始去做的事情**。想要欣欣向榮的人際關係？這得靠你用一個個關心舉動來灌溉；想戒掉癮頭？這得靠一天又一天的努力來成功。而如果你不為獨角獸的角上色，牠們就是普通的馬而已。

你的目標就是那個全景，就算你上色的時候不小心超出格子一點點，或是用了一些不尋常的顏色，整幅景色還是會顯現出來。就算你的畫面整體效果和你的保羅表哥畫出來的不太一樣，但你要贏的是自己的人生，而不是他的。

伸展計劃最新進展，第30天

今天早上我發現自己不用下床就可以做伸展了，人生整個都不一樣了呢！

當然，**我不是要你為了轉變而轉變**。也許在你搞定所有小小屎事以後，就能夠贏得你的人生勝利；但如果你覺得要讓自己快樂起來，你得徹底改變自身存在的某些面向，不管是你所處的地理位置、身體或是基本心態，**我要告訴你那些改變都是可以達成的**。

所以，為了要確保所有身陷深層屎事的朋友都沒有脫隊，現在讓我們稍微後退一步，看看一堆小小的改變，是如何集結成一個連續的長勝。

賓果！

雖然還沒出成書，但我的朋友阿喬也有一套獨特的搞定人生屎事系統。從很久以前，他就決定只要一天裡有做到下面三件事中的兩件，他就是人生勝利組：

- 用牙線
- 健身
- 忍住不喝酒

如果他可以全部做到，那好棒棒，但只要達到兩個就可以了。早上在那副牙齒裡面拉拉線，下班就可以去喝杯威士忌調酒；沒能去健身？沒關係，只要照顧一下牙齒，然後一天不喝酒就過關。這個系統對他來說運作良好，我非常欣賞。事實上，我太欣賞這個做法了，所以我改造了這個方便有效的生活妙方，弄出屬於自己的版本，我叫它「搞定人生屎事賓果」，你可以把圖片印下來隨身攜帶。我要高興地宣布，這個做法可說是把「自己玩自己」帶到了全新的層級。

「搞定人生屎事賓果」裡的每一個方格，都代表往搞定人生屎事邁進的一個小小步伐，這些方格裡總共有十種項目：

- 把錢存下來或沒有花掉
- 準時
- 往目標邁進一步
- 分出優先順序
- 控制住衝動
- 授權

- 自私行為（正向的那種）
- 施展意志力
- 沒有瘋掉
- 沒有當讓人受不了的混帳

這些項目是隨機分散的，所以你不用在一天內做到每種事情，甚至也不用在一週內做到。但如果你每天、每週都做一點，等你做得夠多了，你就能在一個月結束的時候，連出至少一條搞定人生屎事賓果線，說不定會有好幾條呢！這是不是一個好玩又充滿互動性的活動呢？（來賓請掌聲鼓勵）

搞定人生屎事賓果

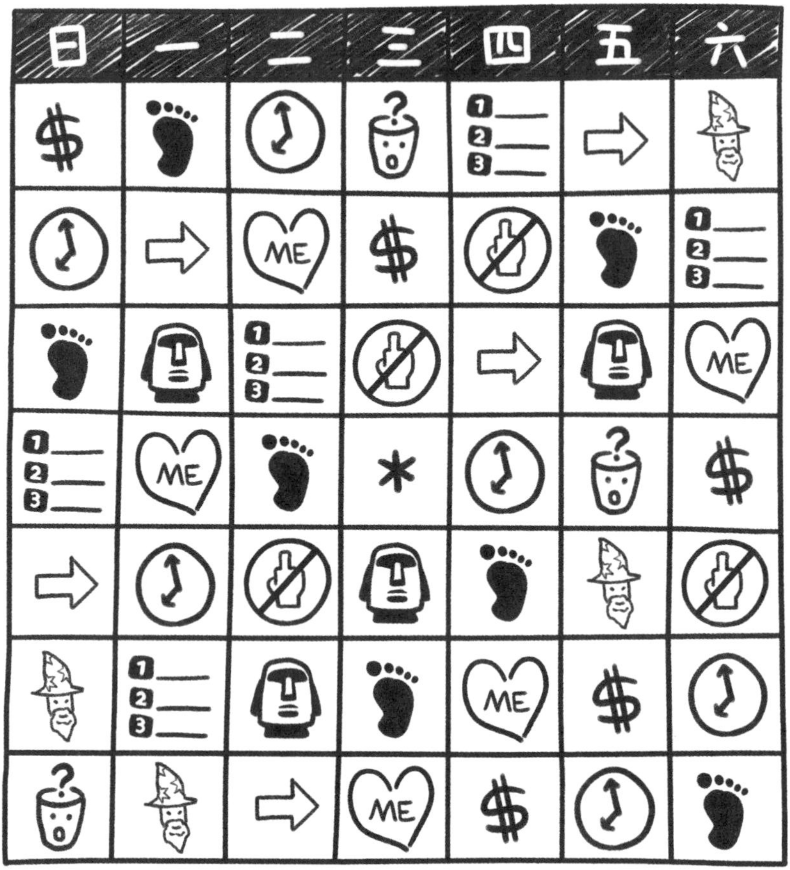

- 把錢存下來或沒有花掉
- 準時
- 往目標邁進一步
- 分出優先順序
- 控制住衝動
- 授權
- 自私行為（正向的那種）
- 施展意志力
- 沒有瘋掉
- 沒有當讓人受不了的混帳

你是啊，但我呢？

終點就在眼前了，朋友，你和終點幾乎沒有距離。事實上，這個章節是為特定讀者設計的——那些讀到現在仍在為自己的生活狀態哀嘆，而且還是覺得自己無能為力的人。為什麼呢？因為他們直到現在，都還沒發現自己的問題癥結點，其實是來自自己的行為。他們並不笨，也不是假裝沒看到現實，**他們只是少了點自我覺察力而已**。

噓……那個「他們」很有可能就是「你」。

沒關係，不是每個人生下來就能夠知道「**我現在這樣真是荒唐，我應該好好盤點自己的人生抉擇，為那些抉擇負起責任**」。如果你對自己的行為缺乏覺察能力，要搞定人生屎事會困難許多；相較之下，如果你有辦法看著鏡中的自己，然後說出「哇喔，我做事的方法顯然行不通，我就快變成人生魯蛇了，而且這些問題都是我自己搞出來的」，一切就會更容易。

所以，都到了最後這裡，我終於要進入本書**有批評意味的部分了**。

而且你也得開始批評別人。

我的調查裡最後一個問題是：「舉出一件會讓你會覺得某人搞不定自己人生屎事的事情。」總有一天，我會把那題的每個回應合起來做成一齣表演，也許是一個單人秀，名字就叫做《搞定人生屎事獨白》。

但現在，我們先以這些回應當作靈感就好。接下來我設計了一個有趣的練習，可以讓你透過辨識其他人的不良行為並從中取得警惕，來幫助自己贏得人生勝利。有時候，你可能得先用一點幸災樂禍當麻藥，然後才能接受那個「**挫賽，我也會那樣**」的領悟給你痛擊。

所以這個遊戲是這樣玩的：

我會給你一個清單，裡面包含從我的調查回應裡直接擷取出來的抱怨。

對於每個抱怨，你要把它和你現實生活中有相同問題的人配對起來。

接著你要想一想他們N級嚴重的自我破壞行為有多麼明顯，一邊搖頭，一邊低聲咒罵「**搞定你的人生屎事好嗎？**」然後繼續這個練習，直到你完成清單上的每個抱怨。放心玩，我不會跟別人說的。

例：彼得	做事真的很沒條理。
	老是在遲到。
	總是說「我就是這樣啊」，好像那樣講遲到就沒關係一樣。
	老是說話不算話。
	總是談些糟糕的戀愛。
	對錢真的很不負責任。
	老是在說要控制飲食或運動，但從來沒真的去做。

	被完美主義困住動彈不得，永遠都做不完每件事。
	什麼事情都一直拖拖拖到最後一秒，最後拿個爛東西交差。
	總是下不了決定，對什麼事情都無法投入。
	總是在預支未來，讓自己動不動窮到吃土。
	不停在抱怨自己的工作，但又不去找新的。
	一點也不懂得照顧自己，還在那邊疑惑自己怎麼老是覺得糟透了。
	亂七八糟的家基本上就是他／她亂七八糟人生的寫照。
	實在努力過了頭，如果這看起來沒那麼悲傷，其實會蠻好笑的。
	都不回訊息，丟給他／她的訊息好像被吸進黑洞一樣。
	已經把同樣的蠢事做了一萬遍，居然還在期待會有不同的結果。

現在，請站在鏡子前面。這次不要大聲念你朋友／家人／同事／鄰居／其他認識的人的名字，那些空格請改成**自己的名字**。

然後，每當你感覺自己因為殘酷的認知而縮了一下，那就是**自我覺察**。把那些答案圈起來，好好思考它們，你想在你的朋友／家人／同事／鄰居／認識的人身上看到自我覺察嗎？**先讓自己產生那樣的自我覺察吧**。

恭喜你，＿＿＿＿＿，你剛剛又朝著人生勝利組的方向邁進了一大步（或很多步）呢。

搞定你的人生屎事啊，小潘

我的調查回收了一千份回覆，其中我最喜歡的是這個：「說到談不健康的戀愛，我的朋友小潘簡直是悲劇女主角類型的戲劇化角色。我總是跟別人說：當人生遞給小潘檸檬的時候，她就會跑去超市買更多的檸檬。」

來自我這邊的哈囉

Q：正在戒癮的人、裸食主義者還有重拾信仰的基督徒有什麼共通點？

A：他們都會一直告訴你自己現在感覺有多棒！

不管他們是在晚宴派對上試圖成為眾人焦點，或是在市區公車上靠得離你有點太近，這些打開話匣子說個不停的人會急著想讓你知道，在他們甩掉海洛因、開始喝西班牙凍湯或是讓主進到自己心中以後，他們的人生好了不只數萬倍，而且你幾乎可以看到他們從內在散發出的光芒。我懂，你有點想在他們的小腿上踢一腳，但你知道嗎？他們正在贏得人生勝利。看到那些新裝的牙冠、規律的腸道活動、還有喜樂滿溢的笑容了嗎？你也可以那樣。

好吧，聽起來好像有點怪怪的。

我的意思是，他們的人生屎事不一定跟你一樣，**但原則相同：告別心煩，迎接喜悅**。

就算你不贊同他們的人生抉擇，當他們告訴你搞定屎事後的人生有多麼美好時，請相信他們。

之前有很長一段時間，當有人告訴我可以過另外一種人生，而且那種人生還能很豐盛的時候，我都完全拒絕相信（這麼告訴我的是那些自由工作者朋友，包括我先生在內），那真是個錯誤。那時的我堅信，即使眼前的生命狀態讓我不開心，但如果打破現狀，只會讓事情變得更糟。我那時完全不願意冒任何風險，而且有些填了我的問卷調查的朋友也是。

有些回應是像下面這樣：

我的工作壓力山大，而且已經把我消磨殆盡，但我沒辦法休息／度假／請假。我恨這份工作的每個部分，它還讓我恨透人生，但我就是不能冒險離職。

我想跟現在的工作說掰掰，但我已經跟它耗了那麼久，萬一離開的話根本無處投靠。

我想離職已經想了十一年了。

嗯，一部分要感謝負向思考的力量，我有天終於發現自己工作的情況（和上面的每個例子都很雷同）太不對勁了，不能再繼續苦撐了。**心煩超過喜悅太多太多，我必須採取行動**。

再說了，我唯一想要狠踢一腳的對象是我自己，**因為我沒有更早搞定自己的人生屎事**。

現在告訴我，你的心煩程度爆表了嗎？不要窮、胖，還有一團亂（或困在毫無希望的工作裡，或無時無刻都很焦慮，或家裡老是沒有衛生紙），是不是你想達成的目標呢？

我已經說過，但我現在要再說一遍：我不了解你的人生。我沒辦法幫你設定目標（們）；但不管你的目標是什麼，只要一次完成一個小小的、容易解決的小塊，你就能完成它。**鑰匙、手機、錢包**。

如果你還是覺得自己在討厭的工作、感情關係或人生裡原地打轉，嗯，那就請把我當成《發暈》裡的雪兒，而你是尼卡拉斯．凱吉，我要對你說：「你給我振作起來！」

相信我，我這邊的世界真的很值得來。快過來吧，你知道自己心裡想得很。

後記

花栗鼠們，我們終於來到這裡了。這裡就是旅程的結束，最後的倒數。你表現得很棒！我這裡有最後一顆智慧松果要送給你，然後你就可以收拾好你意義上的鑰匙、手機和錢包，踏上快樂的人生旅途。

重點是這樣：人生本來就是一團亂。你明白，我也明白。我們並不是要自欺欺人，相信一本小小自助勵志書能夠改變宇宙的本質。畢竟就連我這個有著優秀專注力的狂熱策略規劃者，有時還是免不了遇上挫賽時刻。

而你可能會想要為那種時候預留一點時間、精力和金錢，就為了以防萬一。

記得那個加勒比海的房子嗎？嗯，後來房子蓋好了，蓋得很漂亮。我們賣掉了紐約的公寓，拔營前往多明尼加共和國，在那裡快樂似神仙地住了三個月（和超級大蜘蛛還有其他各式各樣的生物一起。）我們招待來訪的朋友和家人，在海灘上散步，還研發出了一款私房雞尾酒（如果你有興趣的話，它的名字叫做「冷凍止痛藥」。）。我們還給蜥蜴取了名字，有蜥蜴哈里發、蜥莉莎白，還有吉姆．莫里森*。一切都很美好。

然後我們回到紐約做一些收尾，好一舉完成遷入小島生活的壯舉。

接著我有了這本書的構思，然後也成功說服了出版社；但交稿期限在十週內。沒問題的，我心裡想，我只要好好搞定自己的屎事，然後就把它寫出來。這可是兩個半月耶，跟去年的死線比起來，這樣的時間簡直像是永恆，小意思。

但我忘了，去年我寫書的時候，我可是好好地住在自己的公寓裡；而今年，我已經把那個公寓賣掉，好追求我住在熱帶島嶼的夢想。但情況不允許我回到島嶼，我必須待在跟「我先生的客戶」還有「可靠的郵件服務」夠近的地方，這得持續幾個月，恰巧撞上寫書的交稿期限。

* 吉姆．莫里森（Jim Morrison）為美國創作歌手和詩人，外號為「蜥蜴王（The Lizard King）」。

沒問題的，我又想，我們會找到一間公寓，我只要架好我的筆電跟低卡可樂供應站，就可以火力全開。

只不過，那個小小的計劃並沒有成功。我們一直像嬉皮跟吉普賽人一樣居無定所，從 Airbnb 流浪到朋友在布魯克林和新澤西的住處，再到我先生親戚的公寓，再到我父母在緬因州的房子（在你兒時的房間寫一本充滿髒話的書，可真是度過夏日的好方法呢。）我重複著相同的循環，每隔幾天就認分地打開行李，然後再重新打包行李，想辦法把愈來愈令人疲倦的「搬家日」塞到寫作行程表裡，自始至終都讓我的書稿進度維持在軌道上。

但我的腦袋中慢慢堆積了愈來愈多心理垃圾，就像我日益增加的行李佔據了朋友地下室的空間一樣。

我試著讓情況保持在掌控之中。我嘗試了深呼吸，不管在哪裡都盡情享受我新培養的每日伸展好習慣，然後把「照顧自己」的優先順序放到最前面（具體執行方式就是吃披薩跟做足部護理療程。）與此同時，我寫作，然後打包行李，我寫作，然後打開行李。

最後，一切終於來到尾聲。

在我們那年夏日的四處亂睡巡迴之旅來到最後一哩時，我訂了一家Airbnb，覺得這個地方應該能幫我度過最後一段交稿前的瘋狂衝刺，也讓我先生好好幫他的生意做個總結，然後我們就可以開著車駛進最美的夕照下，遠離一切喧囂，做為好好完成工作的獎賞，這是多美好的人生勝利啊。

然而事態就像一坨屎砸在電風扇上，一發不可收拾。

我不想誹謗那對把公寓租給我們的好心夫妻，但那個地方實在……不太令人滿意。有些人可以接受住處無時無刻潮到出水、聞起來充滿霉味，還有一團果蠅文明有禮地嗡嗡陪伴，但我不是那樣的人。我們收到指示，要讓天花板上的電扇「二十四小時都開著」（我猜是為了要除濕），但那個電扇會發出喀啦喀啦的噪音，而我就坐在那架電扇下面，努力要完成這本書，房子裡還沒有咖啡機。壓死駱駝的最後一根稻草，是因為我想要做個捕果蠅陷阱，就跑去櫃子裡找保鮮膜，結果撞上了扭來扭去的蜈蚣之類的東西。真是夠了！如果我想要跟多腳生物一起生活，我大可待在我的熱帶樂園裡，幹嘛要來布魯克林的地下室？

我很希望我能告訴你，我以一派的優雅和沉著面對了這個處境；但事實上我完全崩潰，在床上抽泣了整整半個小時。與此同時，我先生用訂房APP在一家不錯的旅館訂了個便宜房間，讓我帶上盥洗用具跟睡衣，然後我們一起倉皇逃出這個租來的熱蒸籠。接著在乾淨清爽的被單還有功能健全的空調的包圍下，我們度過了一個回血的夜晚。睡醒以後，還有一臺可愛的小咖啡機幫我用活力迎接早晨。

「我們明天再來處理這個糟糕的情況，」他說，「現在先好好睡一下。」沒錯，這就是小小的、容易解決的小塊。

感謝老天，我想，**還好我們兩個人裡至少有一個人搞定了這件屎事。**

不過，他可能會說，他會的這套是從我身上學來的。

搞定人生屎事，
贏得人生勝利！

管他去死是人生最大的自由 2：踏上順暢之路的超痛快人生實踐指南

GET YOUR SH*T TOGETHER

作　　者　莎拉・奈特（Sarah Knight）
譯　　者　林怡孜
執行編輯　顏妤安
行銷企劃　劉妍伶
封面設計　Ancy PI
版面構成　呂明蓁
發 行 人　王榮文
出版發行　遠流出版事業股份有限公司
地　　址　臺北市中山北路一段 11 號 13 樓
客服電話　02-2571-0297
傳　　真　02-2571-0197
郵　　撥　0189456-1
著作權顧問　蕭雄淋律師

2021 年 11 月 1 日 初版一刷
定價　新臺幣 340 元

有著作權・侵害必究　Printed in Taiwan

ISBN　978-957-32-9272-2
遠流博識網　http://www.ylib.com
E-mail　ylib@ylib.com
（如有缺頁或破損，請寄回更換）

GET YOUR SH*T TOGETHER
Copyright © 2016 by Sarah Knight
This edition published by arrangement with Little, Brown and Company, New York, New York, USA
through Bardon-Chinese Media Agency.
All rights reserved.
Chinese Translation Copyright ©2021 by Yuan-Liou Publishing Co., Ltd.

圖書館出版品預行編目 (CIP) 資料

管他去死是人生最大的自由 2 / 莎拉 . 奈特 (Sarah Knight) 著 ; 林怡孜譯 .
-- 初版 . -- 臺北市 : 遠流出版事業股份有限公司 , 2021.11
面 ;　公分
譯自 : Get Your Sh*t Together
ISBN　978-957-32-9272-2(平裝)

1. 自我實現　2. 成功法

177.2　　110014028